実験心理学

心理学の基礎知識

【改訂増補第 3 版】

筒井雄二 編著　桑名俊徳 著

八千代出版

執筆者紹介（執筆順）

筒井　雄二（つつい・ゆうじ）　1章，4章，5章，7章1〜5，7，8，8章2〜4，9章
福島大学共生システム理工学類教授

桑名　俊徳（くわな・としのり）　　　　　　　　2章，3章，6章，7章6，8章1
中央大学理工学部，玉川大学経営学部ほか　非常勤講師

まえがき

　心理学をはじめて学ぶ読者にとっては，「実験」と「心理学」が密接な関係にあることを意外と思うかもしれない。まるで占いや手品のように人々を「あっ」と驚かせるような方法で「心」の謎を解き明かしてくれるのが心理学という学問だと思っている方も多いことだろう。だが，実際の心理学は占いや手品のような神秘性や謎めいたところはまったくない。むしろ，主観やあいまいさを排し，客観性を追求するサイエンスといえる。このような話を聞いて，心理学への興味が半減してしまう読者もおられるだろうか？　もしそうだとしても，本書を通して本当の心理学というものを知り，本当の心理学の魅力に気がついてくれることを心から望んでいる。本書が他の心理学の入門書と異なるところは，まさにそこにある。心理学の実験を丁寧にひもとき，心理学の魅力を多くの読者に伝えたい，これが著者らの願いである。

　先に述べたように心理学はサイエンスである。しかし，心理学が立ち向かっているのは「心」という抽象的な対象だ。抽象的な対象を相手にしなければならないからこそ，心理学は科学という鎧を身につける必要があったのである。科学的な研究を行うことで，抽象的でとらえにくい対象を誰の目にもわかりやすいかたちで証明する。心理学が「実験」という方法を採用した理由はまさにここにある。「心」という抽象的な対象に科学的にアプローチするため，心理学が選んだやり方が「実験」なのだ。

　今日の心理学の歴史は，ヴントがライプツィッヒ大学に心理学実験室を開設したところからはじまる。心理学が実験という方法を研究に取り込んだとき，今日の心理学は誕生した。実験データを基礎にして「心」の仕組みを解明しようとする心理学の基礎領域のことを，実験心理学とよんでいる。

　本書は実験心理学のエッセンスを，心理学の入門者にもわかりやすく紹介することを大きな目的として執筆された。実験心理学においては，当然ながら，実験の内容を正しく理解することが何より重要である。そこで，実験の解説にあたっては，読者が容易に実験内容を理解することができるよう図表

をできるだけ多く使用し，かつ，図表をわかりやすくするために，図表の解説をこれまでのテキストにはないくらい丁寧に行ったことが本書の特徴である。また，本文を極力平易な表現で執筆することにより，読者が実験心理学を身近なものに感じることができるようにも工夫した。さらに，心理学の基本用語や基礎知識を幅広く網羅することで，読者が心理学の基礎的な知識をしっかりと身につけることができるよう心がけた。将来，心理学の知識を医療や看護などの臨床あるいは介護の現場などに応用することを考えている読者はもちろんであるが，心理学の知識を習得し，さらに専門的な研究の道に進もうとしている読者にとっても，本書が，実験心理学の面白さを理解し，その基礎知識を獲得する際の一助になることができれば幸いである。

　2017 年 9 月，公認心理師法が施行され，2018 年 9 月には第 1 回の公認心理師試験が実施された。公認心理師試験では心理学の基礎分野から応用分野まで幅広く出題されるが，本書を活用し同試験に臨んだ試験の合格者からは，本書から学んだ心理学の基礎領域の知識が試験に大いに役立ったとありがたい言葉をいただいた。テキストのサブタイトルのとおり，本書が心理学の基礎知識の獲得に好適であることを証明している。

　2010 年の 3 月 30 日，初版が発行され，2013 年 3 月に改訂増補版が発行された。2019 年 3 月には改訂増補第 2 版が発行され，このたびの改訂増補第 3 版の発行により本書はさらにバージョンアップした。本書の企画にご理解をいただき，たくさんのアドバイスをしてくださった八千代出版の森口恵美子さんに心から感謝を申し上げる。また，読者にとって本書を読みやすくするために難しいお願いをしたにもかかわらず，それに応えてくれた著者の一人，桑名俊徳氏にもお礼申し上げたい。

　これからも心理学の動向を反映させながら，しかし心理学の入門書としての利用価値も高い一冊となるよう，本書を育てていきたいと考えている。

筒 井 雄 二

目　　次

まえがき　*i*

1章　心理学のプロフィール ——————————————————— *1*
　1.　あなたは心理学を誤解していないか？　*1*
　2.　心理学とはどんな学問なのか　*2*
　3.　心理学の歴史　*3*

2章　感　　覚 ——————————————————————— *11*
　1.　感覚の種類　*11*
　2.　感覚機能の限界とその測定　*15*
　3.　感覚の大きさ　*19*
　4.　順　　応　*23*
　5.　感覚の対比　*24*
　6.　視覚系の構造と機能　*25*
　7.　色覚（色を見る仕組み）　*36*

3章　知　　覚 ——————————————————————— *45*
　1.　知覚することへの要求　*45*
　2.　知覚の恒常性　*47*
　3.　知覚的体制化　*54*
　4.　奥行きの知覚　*65*

4章　学　　習 ——————————————————————— *77*
　1.　心理学における「学習」とは　*77*
　2.　単純な学習　*78*
　3.　初 期 学 習　*81*
　4.　古典的条件づけ　*83*
　5.　オペラント条件づけ　*92*
　6.　条件づけの応用　*101*
　7.　社会的学習　*105*

5章　記憶と忘却 ——————————————————————— *109*

1. 日常生活における記憶の役割　*109*
2. 記憶の過程と構造　*110*
3. 感覚記憶とパタン認知　*115*
4. 短 期 記 憶　*118*
5. 長 期 記 憶　*125*
6. 記憶の変容　*132*

6章　認　　　知 ——————————————————————— *135*

1. 概　　　念　*136*
2. 言　　　語　*141*
3. 期　　　待　*153*
4. スキーマ（図式）　*157*

7章　情緒・動機づけ ——————————————————————— *161*

1. 情緒の種類　*162*
2. 情緒の理論　*166*
3. 快 と 行 動　*170*
4. 動機づけの基本概念とホメオスタシス　*174*
5. 生物学的動機に基づく行動　*176*
6. 内発的動機　*178*
7. フラストレーションと葛藤　*180*
8. ス ト レ ス　*182*

8章　発　　　達 ——————————————————————— *187*

1. 遺伝と環境　*187*
2. ピアジェの発達段階　*203*
3. エリクソンの発達理論　*208*
4. 老化のしくみ　*213*

9章　性　　　格 ——————————————————————— *221*

1. 性格とは何だろうか　*222*
2. 性格の理論　*223*

3. 心理検査と性格の測定　　*226*

4. フロイトのパーソナリティ論　　*229*

文　　　　献　　*231*

人 名 索 引　　*238*

事 項 索 引　　*240*

欧 文 索 引　　*245*

1章
心理学のプロフィール

1. あなたは心理学を誤解していないか?

　心理学という学問は，よく誤解される。いったいどのような誤解かというと，心理学という学問は，「心」の学問なのだという誤解である。

　確かに心理学という名前には「心」という文字が使われている。それに，テレビや雑誌では「心」の謎や「心」の不思議を解き明かす心理学の研究ばかりが紹介され，心理学があたかも「心」の不思議を解明してくれる学問であるかのような印象を人々に強く与えている。では，いったいどこに誤解があるというのだろうか。

　そもそも「心」という臓器は私たちの体内には存在しないのである。「心」という臓器が存在しないのであるから，「心」を研究することは本当はできないのである。『心理学者なら，そのくらいのこと，当然できるだろう!』とお叱りをうけるかもしれないが，心理学者であれ，誰であれ，「心」のことを明らかにすることは，本来，誰にもできないのだ。無理なものは無理なのである。

　難しい話になるが，学問というのは客観的でなければならない。これは，心理学に限ったことではなく，どんな学問についても同じことがいえる。では，学問が客観的とはどういうことなのか。それは，研究者の思い込みや主観で決めつけてはならず，その研究者以外の第三者であってもその内容を理解し，納得できるものでなくてはならないということだ。第三者を納得させ

るために，多くの場合，証拠も必要となる。学問における"客観的"という言葉の意味を，「お客さん（＝第三者）が観て確かめること」と理解してもよいだろう。

2. 心理学とはどんな学問なのか

では，心理学が「心」の学問ではないとするならば，いったい心理学はどんな学問なのだろうか。

その答えは，それほど難しいものではない。なぜならば，実は私たちは心理学者と同じことを普段の生活の中で，日常的にやっているのである。たとえば，AさんとBさんの次のような会話を見てみよう（図1-1）。

　　Aさん：「そういえば，最近，Cさんにお会いになった？」

　　Bさん：「いいえ。Cさん，どうかしたの？」

　　Aさん：「ええ，なんとなく暗いのよね」

　　Bさん：「あら，Cさん，どうしたのかしら。何かあったのかしら」

　　Aさん：「ええ，私もそれが気になっているの。以前に比べて口数が少なくなったし，最近はうつむいていることが多いのよね」

AさんとBさんは，最近のCさんの様子がおかしいことを話している。最近，Cさんが暗いという話題である。ところで「暗い」というのは，まさにCさんの「心」の状態をさしているわけである。Cさんの「心」が最近は暗いのではないか，とAさんが心配しているのである。しかし，Aさんが自分自身の目で確かめたのはCさんの「心」の状態ではない（くどいようだが，「心」など存在しないのであるから，「心」の状態を目で見て確かめることなどできない）。AさんはCさんの，

　　①以前に比べて口数が少ないところ

　　②頻繁にうつむくところ

を目撃したのである。つまり，AさんはCさんの行動（あるいは反応）の変化を目撃し，気になっているのである。具体的には，①では「話す」という

最近，Cさんに
お会いになった？

Cさん，
どうかしたの？

図1-1　私たちは心理学者と同じように普段の生活の中で行動観察を行っている

行動が最近のCさんでは減少しているといっている。②では視線の問題を取り上げていて，最近のCさんは視線を人と合わせず，下の方を「見る」行動が増加しているといっている。AさんはCさんの行動から，Cさんの「心」の中を推測しようとしたわけだ。他人の行動を見て，「心」のことを推測するということ，このことを私たちは日頃から日常生活の中でやっているのである。そのとき，心理学ということを私たちは少しも意識していない。

　心理学は，まさにAさんがやったことと同じことをやっている。すなわち，調査や実験という場面を用意して，その枠組みの中で人や動物の行動を観察する。そして，観察された行動の変化から人や動物の心理状態を推測し，さらには「心」の法則というものを見つけていく。

　ここで最初の質問に戻ることにしよう。心理学はいったい何を研究しているのか。その答えは行動である。行動を研究対象とすることで，はじめて心理学に客観性が保証されることとなり，その結果，心理学が学問として成立することになる。

3.　心理学の歴史

1）哲学の時代

　心理学は，比較的歴史の浅い学問である。ドイツの心理学者ヴントがライ

図1-2　実験心理学を提唱した
ヴント

プツィッヒ大学に心理学実験室を開設した1879年が，心理学のはじまりとされている。ということは，心理学が誕生してからまだ145年ほどしか経っていないということになる（図1-2）。

　だが，心理学の起源をたどっていくと，それは古代ギリシャ時代にまでさかのぼることができる。歴史上，名前をよく知られた哲学者たちが心や精神の問題を哲学的に思考していた時代である。

　心理学的な著述の中でもっとも古いといわれるのは紀元前4世紀，アリストテレスの「霊魂論」（De Anima）である（アリストテレスは心理学のみならず，ほとんどあらゆる学問に通じていたといわれる）。この中でアリストテレスは「心」と「からだ」の関係について，「心」と「からだ」は不可分の関係にあり，「心」は「からだ」から離れて独立に存在することはできないといっている。また，「心」の働きは「からだ」を通してはじめて具象化されると考えた。

　その後，長い期間，他の学問と同様に心理学にも学問的に大きな進歩のない時代が続いたが，17世紀，ガリレオやニュートンの時代になると心理学を含むさまざまな学問が再び大きく発展することになった。近代哲学の父とよばれ，「われ思う，ゆえに，われあり」という命題で知られるデカルトは，精神と物質，あるいは心と身体を別々のものとしてとらえる心身二元論を，この時代に展開した。また，デカルトは動物精気とよばれる微細な粒子が血管や神経の中を流れていると仮定した。そして，脳の中にある松果腺という部位がその精気の流れをコントロールし，それにより精神現象を説明しようとしたのである。

　17世紀末から18世紀には，イギリス経験論哲学が心理学に影響を与えることになる。ロックは，生まれたばかりの人の心は「白紙」（タブラ・ラサ：tabula rasa）のような状態であると考え，すべての観念が生まれてからの経験によって，その白紙の上に書き込まれると主張した。このような考え方は，

心理学の生得説と経験説の対立における経験説の立場に立つ考え方である（8章も参照）。また，イギリス経験論哲学者の多くは連合主義者でもあり，白紙のような心の上に複雑な観念が形成されていくのは，単純な観念と単純な観念が結びつく（これを**連合**（association）という）ことによると考えた。

　以上のような哲学的な思考の対象であった心を，科学の言葉と科学の方法を使って調べていく学問，すなわち心理学として独立させたのが，最初に紹介したドイツのヴントであったというわけだ。彼は**内観法**（introspection）とよばれる方法を用いて意識過程の研究を行っていた。確かにヴントは心理学の研究に実験的方法を取り入れ，それまでの心理学の研究方法に大きな影響を与えたことは間違いない。しかし，今日の心理学と比較をするならば，まだまだ主観的色彩の強い研究方法であったということができるだろう。

2）20世紀の心理学

　心理学の歴史はわずか145年ほどであると述べた。学問としての歴史はたいへんに浅いのである。だが，心理学が誕生してから今日にいたるまでの短い間に，心理学は大いにその姿を変貌させている。特にその時々の時代背景による影響を受けながら，心理学の方法論や「心理学観」とでもいうような主義・主張に変化が起こり，それが時代ごとの研究にも特色を与えている。そこで，特に現在の心理学に強い影響を与えたと考えられる5つの心理学的アプローチについて，ここでは紹介したい。

（1）行動主義的アプローチ

ワトソンは，それまでの内観法による意識を対象とした心理学の研究に対して，それらは主観的な方法だとして排斥した。そして，心理学は実験的な自然科学の一分野であり，行動の予測と統制を目標とすべきであると提唱した（図1-3）。これは，1912年に「行動主義者のみた心理学」と題してコロンビア大学で行われたワトソンの講演の内容であるが，

図1-3　行動主義心理学者のワトソン

翌年，彼はそれを論文として公表した。ワトソンは，**意識のような主観的な経験は，科学である心理学の研究対象とはならず，客観的に観察することができる行動のみが心理学の研究対象となる**とした。そして，観察可能な刺激と行動に注目して，ヒトや動物のあらゆる行動が，条件づけと強化の考え方で説明できるとした（詳しくは4章）。このような考え方を**行動主義**（behaviorism）といい，のちの心理学の発展に多大な影響を及ぼすとともに，今日の科学的心理学の基礎を築いた考え方であるといえよう。

　ワトソンの行動主義の特徴は，刺激（S）と反応（R）の関連性を追究したことにある。具体的には，刺激から反応を予測したり，反応をコントロールすることをめざした。ここから**S-R理論**（stimulus-response theory）あるいはS-R心理学という用語も生まれた（S-Rという用語は今日でも用いられることがある）。ただし，ワトソンの考えた"行動"とは筋肉や腺の働きであり，非常に微視的なレベルでの行動であった。この点が，後の**新行動主義**（neo-behaviorism）とよばれるトールマン，ハル，スキナーらの考えた行動とは異なっている。新行動主義においてはワトソンが対象にしたような"分子的行動"ではなく，動物の"全体的行動"が研究の対象とされた。

（2）　ゲシュタルト心理学的アプローチ

　ヴントの弟子であるティチナーは，まるで解剖学が身体の構造を明らかにしていくのと同じように，意識の構造を究明し，意識がどのような要素によって構成されているのかを分解的に調べようとした。このような立場を**構成心理学**（structural psychology）とよぶ。一方，構成心理学のように心理現象を要素に分解する立場に反対し，心理現象を統一性のある全体として扱う必要性を重視した立場を**ゲシュタルト心理学**（gestalt psychology）という。ゲシュタルトとはドイツ語で「全体」という意味である（3章参照）。

　心理学のさまざまな研究領域の中で，最初にゲシュタルト心理学が影響を与えたのは知覚という領域であった。ゲシュタルト心理学の創始者であるウェルトハイマーは**仮現運動**（apparent movement）という現象を紹介している。2つの光点を交互に点灯させると，光点そのものは動いていないにもかかわらず，まるで1つの光点が動いているように見える現象である。この場

合，場面を構成している要素（2つの光点）をバラバラに見ていても仮現運動を知覚することはできず，構成要素の全体を見てはじめて仮現運動を知覚することができるのである。

　ケーラーは思考や学習という領域の研究でゲシュタルト心理学の立場を紹介した。当時，動物の問題解決は試行錯誤を通してなされると考えられていたが，彼はチンパンジーを用いた学習実験を行い，チンパンジーが**洞察**（insight）することにより見通しを立て問題解決を図ることを実証した。その研究成果を『類人猿の知恵試験』という著作にまとめて出版した。

　レヴィンは情意行動や集団行動など，それまで実験的に統制することが困難と考えられていた領域の研究に着手した。人間の欲求と行動との関係を説明するため，力学的な**場の理論**（field theory）を提唱し，個人の生活空間をめぐる問題や，集団行動の分野にその理論を応用した。これらの研究は，社会心理学やグループダイナミックスの初期の研究に大きな影響を与えることになった。

　ゲシュタルト心理学の考え方が行動主義的アプローチと異なるポイントの一つは，人間自身は主観的世界の中に生きているのであるから，人間を理解するためには，人間を取り囲む文化や環境，個人の諸要因を理解することが重要であるとした点である。すでに記載したように，ゲシュタルト心理学的アプローチは認知心理学，社会心理学，性格心理学や，場合によっては学習心理学の一部の研究者らにも影響を与えてきた。

（3）　認知論的アプローチ

　先に紹介した行動主義の考え方は第二次世界大戦頃まで支配的であった。特にアメリカ合衆国ではその傾向が顕著であったといえる。もちろん，その時代においても認知的な研究は行われていたわけであるが，たとえば記憶の研究を例にあげると，対連合学習とよばれる実験方法が用いられるなど，条件づけをモデルとした学習実験の方法が研究法として用いられることがほとんどであった。ところが，第二次世界大戦後，コンピュータの発達によってその流れが一変することになる。

　コンピュータは，それまで単なる計算機に過ぎないという考え方が一般的

であった。ところが，高速化，大容量化などのコンピュータの技術革新により，それまで機械にさせることなど誰も予想しなかったような作業を，コンピュータの制御により実現することが可能になった。特に，外界を知覚させたり，推論をさせ判断させるなど，普段，人間が頭の中で行っている認知的活動と同じような作業をコンピュータが遂行できるようになると，人間の認知的活動をコンピュータによる情報処理という観点から理解しようとする立場が現れた。人間を一種の情報処理装置とみなし，さまざまな心理的過程をコンピュータにシミュレーションさせ，心理モデルの構築をめざす立場を**認知論** (cognitivism) といい，彼らが構築したモデルのことを**情報処理モデル** (information processing models) という。

　情報処理モデルは，心理学が対象とする広範な領域（感覚，知覚，記憶，学習，言語，思考など）に応用することができるという特徴がある。その結果，さまざまな認知過程に関する心理学的問題を扱う認知心理学という分野が成立することになった。近年の認知心理学の研究については，「5章　記憶と忘却」および「6章　認知」で詳しく紹介する。

(4)　生物学的アプローチ

　本章の第1節で，「心」という臓器は私たちの体内には存在しないと述べた。このことは真実であるが，一方，行動の発現や心理的反応に関与する臓器といった場合には，それは実際に存在する。それは，脳である。脳の働きや，脳を構成するニューロン，あるいはニューロン間の伝達に関与する神経伝達物質の役割などを明らかにすることを通して，人間の心というものを理解しようとする場合，それを生物学的アプローチという。

　心という臓器は存在しないのだから，行動やさまざまな精神現象と心との関係について科学的に追及することは困難であるが，行動と脳との関係，あるいは精神現象と特定の神経系との関係について調べることは可能である。そのような意味では，生物学的アプローチは，行動や精神現象の根源を追求することを可能にする唯一の方法と言えるかも知れない。

(5)　精神分析的アプローチ

　先に述べた行動主義はアメリカ合衆国で広がりをみせ，アメリカを中心に

心理学を科学の一分野として確立させ，今日の心理学にもっとも大きな影響をもたらした。一方，それと同じ頃，ヨーロッパではフロイトが精神分析学の立場から人間の心や行動を解明しようとした。フロイトの精神分析学では，本能，無意識，欲求，衝動という，科学的にはとらえることのできない心理学的プロセスを仮定する（9章でその一部を紹介する）。科学的とは言えないフロイトの方法論は行動主義とは対照的であるが，しかし，当時のヨーロッパの心理学には強い影響を与えた。今日の心理学において，アメリカの心理学とヨーロッパの心理学とに違いがあるとするならば，歴史的に異なる心理学的アプローチの影響を受けてきたことがあげられるかもしれない。

2章
感　　覚

　私たちは身体に備わったいろいろな感覚器官を通して周囲の環境からの刺激を受け取り，それらを手がかりにして環境を認知し適応的な行動を起こしている。たとえば，危険から逃れたりそれを避けたりするには，目や耳だけでなく鼻や舌，そして皮膚で受け取ったさまざまな感覚刺激が重要な手がかりとなる。また，読書をしたり芸術の鑑賞をしたりして，喜んだり悲しんだりするが，こうした感情が湧き起こるのにも感覚や知覚の働きは欠かせない。このように日常の多くの行動は，感覚と知覚の働きによって支えられている。

　かつて経験論の哲学者たちが論じたように，感覚は経験の取り入れ口であり，その経験を通じて私たちは数多くの知識を獲得してきた。この意味において，感覚や知覚は知識の源泉として考えることもできる。

　現在の心理学では感覚と知覚を厳密に区別することはしない。日常，光や色，物音，香りや痛みは「感じる」と表現するように，ここでは比較的単純な刺激を受け取ったときに得られる感性体験を感覚とよんでみる。一方，知覚は事物・事象のような形態や運動，さらには意味などをもつ比較的複雑な対象に対する感性体験としてとらえて，便宜的に感覚と区別してみる。まず本章では，外界との接点にあたる感覚機能の一般的な特性を，そして各種感覚の中から視覚系の構造や機能について述べていく。

1.　感覚の種類

目で光を見て色や明るさを，耳で音を聴いて楽器を奏でる音色を，鼻で匂

いを嗅いで香ばしさを感じるように，私たちは環境内のさまざまな刺激をいろいろな感覚器官で受け取り，それぞれ固有の感覚経験を得ている。このように，感覚はいくつかの種類に分かれている。表2-1に示しているように，視覚，聴覚，嗅覚，味覚，皮膚感覚の5種類は「五感」といわれて古くから分類されてきた感覚であるが，現在では，これらに深部感覚（自己受容感覚），内臓感覚，前庭機能（平衡感覚）が加えられて，8種類に分類されるのが一般的である。

　感覚経験が生じるには，それぞれの感覚に応じた特定の感覚器官（目，耳など）にある**受容器**（receptor），視覚であれば**視細胞**（visual cell），聴覚であれば有毛細胞であるが，これらが外界の環境刺激（光，音など）を受け取り，それを神経情報に変換し，その情報が複雑な神経経路を通って大脳中枢へ伝わり，複雑な処理を受けなければならない。

　受容器が受け取る環境刺激は，厳密にいえば物理的・化学的エネルギーとなる。それぞれの感覚の受容器が受け取ることのできる刺激は定まっており，それらは**適刺激**（適当刺激：adequate stimulus）とよばれる。視覚ではおよそ380～780ナノメートル（nm）の波長範囲にある可視光（光）であり（図2-1参照），聴覚では，およそ20～2万ヘルツ（Hz）の周波数範囲にある音波（音）である。なので，可視光は聴覚にとって，音波は視覚にとって**不適刺激**（不適当刺激：inadequate stimulus）である。圧刺激は視覚にとっての不適刺激であるが，目を閉じてまぶたを軽く押してみると光の感覚が生じることがあるように，感覚経験とそれを生じさせる刺激の種類との間に厳密な対応があるとは限らない。

　光は視覚経験を，音は聴覚経験をそれぞれ引き起こすのが通常であるが，ごくまれに，ある特定の音を聞くと色の感覚も生じるという事例が報告されている。これは**色聴**（color hearing）とよばれる現象であるが，このように，1つの刺激が複数の異なる感覚を引き起こす現象は**共感覚**（synesthesia）とよばれる。

　日常での感性体験では，いろいろな感覚器官の受容器が，さまざまな感覚刺激を受け取っている。たとえば，料理を美味しく味わっているときには，

表2-1 感覚の種類（松田（2000）をもとに作成）

感覚の種類		感覚器官	受容器	適刺激	感覚体験
視 覚		目	網膜内の視細胞（錐体・桿体）	可視光	明るさ，色
聴 覚		耳	内耳蝸牛基底膜上のコルチ器の有毛細胞	音波	音
嗅 覚		鼻腔の鼻粘膜	鼻上皮の嗅受容細胞	揮発性の物質	腐敗性，花香性，果実性，樹脂性，薬味性などの匂い
味 覚		舌	舌の味蕾の味受容細胞	溶解性の物質	甘，酸，塩，苦などの味
皮膚感覚	触覚（圧覚）	皮膚	パチニ小体，マイスナー小体，ルフィニ終末，メルケル細胞	機械圧	触感，圧感，擽感など
	温覚	皮膚	ルフィニ小体？自由神経終末？	温度刺激	温かさ，熱さ
	冷覚	皮膚	クラウゼ小体？自由神経終末？	温度刺激	冷たさ
	痛覚	皮膚	自由神経終末	侵害性刺激	痛み
深部感覚（自己受容感覚）		骨格筋，腱，関節	伸張受容器，腱受容器，関節受容器	骨格筋，筋，関節部の緊張の変化	肢体の動きや位置，力（抵抗感や重さ）など
内臓感覚		胃，腸，心臓などの内臓	内臓器官に分布する自由神経終末，圧受容器，伸張受容器，化学受容器など	圧，血糖，水分不足，血中酸素など	空腹，渇き，排便感，排尿感，心拍動，息詰まり感，痛みなど
前庭機能（平衡感覚）		内耳前庭器官	耳石器および半規管の有毛細胞	頭部の傾きや回転加速度	深部感覚が随伴して身体の傾きや移動の感覚などが生じる

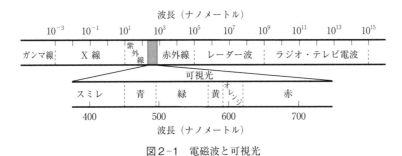

図2-1 電磁波と可視光

私たちの目が受け取る可視光は，広範囲にわたる電磁波のうちほんのわずかな領域にすぎない。私たちは，この可視光の波長の違いから色を知覚している。なお，1ナノメートルは10億分の1メートルに相当する。

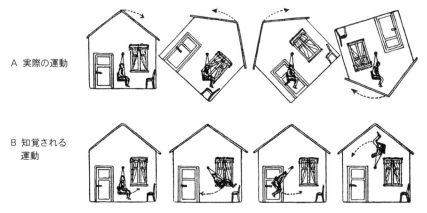

A 実際の運動

B 知覚される
　運動

図2-2　不思議なブランコ（メッツガー，1968）

A この家の中にあるブランコは不思議なブランコである。通常とは異なり，このブランコは動か
ず静止しており，その代わり，この家全体が回転する。B このブランコに腰かけている人は自分の
方が動き宙返りしているように感じてしまう。室内にある事物の運動情報を視覚系に与えるだけで
も，私たちは自分が動いているように感じてしまうのである。

その香り，旨味，色合い，温かさなどを感受している。すると，それぞれの
感覚刺激から引き起こされた多種多様な感覚刺激を寄せ集めた体験をしても
よさそうであるが，実際は，これらが統合された美味しさという感性体験を
している。このとき，人間の場合では視覚情報を中心とした視覚優位な統合
がなされることが多い。料理の美味しさは見た目に引きずられるのである。
図2-2に示すようなブランコに腰かけていると，実際には自分は静止して
いるにもかかわらず，周囲の壁，天井や床が動いている様子を見ると，その
視覚情報に引きずられて，自分が動いているように感じられてしまう。また，
ドラマを見ているときに，俳優の声は客観的には左右のスピーカーから出て
いたとしても，主観的には画面中央の俳優の口元から聞こえてくる。

2. 感覚機能の限界とその測定

1）刺激閾と刺激頂

　感覚が生じるには，受容器が刺激を受け取らねばならない。もう1つ大切なことは，その刺激が十分な強さをもっていなければならないことである。きわめて遠くにある星の光が見えないのはこのためである。感覚を生じさせる最小の刺激の物理的強さを**刺激閾**（stimulus threshold）あるいは**絶対閾**（absolute threshold）という。単純にいえば，刺激閾より弱い刺激は感知できず，刺激閾より強い刺激は感知できるというものであり，感覚を引きおこす下限にあたる刺激の強さがこの値である。ここで大切なことは，この刺激閾をどのような仕方で測定するのかである。

　いま取り上げている刺激閾，次に述べる弁別閾，ここでは触れないが**主観的等価点**（2つの刺激が主観的に等しいと感じられる刺激強度，point of subjective equality：PSE）などの測定には**精神物理学的測定法***（psychophysical method）とよばれる測定手続きが用いられている。たとえば，光を感じる刺激閾を恒常法（注参照）で測定する場合を考えてみよう。まず，あらかじめ強度（客観的な明るさ）の異なる光刺激を何種類か（たとえば，10種類）用意する。これらの刺激は，ほとんど見えないものから確実に見えるものまで，段階的に強さを変えていったものである。被験者にこれらの刺激を多数回（たとえば，各刺激とも100回）ランダムな順序で1つずつ提示し，その都度，見えるかどうかを報告してもらう。そうすると，刺激の強度に応じて「見えた」と報告する

＊精神物理学的測定法：刺激閾や弁別閾などを測定するときには精神物理学的測定法が用いられる。この測定方法にはいろいろな方法がある。①**調整法**（method of adjustment）：被験者自身が刺激の強度を強めたり弱めたりして調整する。②**極限法**（method of limits）：刺激強度を少しずつ強くしていったり，または刺激強度を少しずつ弱くしていったりして提示していき，被験者は刺激提示のたびに決められた仕方で反応する。③**恒常法**（constant method）：刺激強度の異なる何種類かの刺激を用意し，これらをランダムな順序で何度も繰り返して提示し，各刺激につき多数回測定する。被験者は刺激提示のたびに決められた仕方で反応する。

割合を関数として表すことができる。これを**精神測定関数**（psychometric function）という。

　このような測定実験を行ってみると，人は，図2-3Aのように，同じ強さをもった刺激でも，それを感知できる場合もあれば，感知できない場合もあり，刺激強度が増すにつれて感知できる割合が徐々に高くなっていくのが通常である。刺激強度がある一定の値に達すると突如としてそれを100％の確率で感知でき，逆にそれを少しでも下回るとほとんどそれを感知できないといった傾向を示すのではない（図2-3B）。このため，感知率が50％のところの刺激強度を刺激閾と定めるのが一般的である。

　このような測定によってわかることは，人間は鋭敏な感覚機能を備えている，ということである。視覚の場合では，光量子（光の最小単位）が10個以下，場合によっては数個網膜に吸収されれば，その光は見えるという（池田，1988；鳥居，1982）。

　刺激閾は測定する条件によって変化する。たとえば，音の大きさの刺激閾を測定してみると，図2-4に示すように，2000～4000ヘルツ（Hz）あたりの周波数の音に対する刺激閾がもっとも低く，これよりも高い周波数の音や低い周波数の音では刺激閾は高くなる。また，測定時の観察者の状態，経験，年齢などの条件によっても刺激閾は異なってくる。

　刺激強度をだんだんと弱めていけば，その強度は刺激閾に近づいていき，

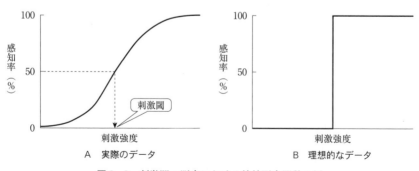

図2-3　刺激閾の測定における精神測定関数の例

一般に，刺激閾は感知率が50％，つまり刺激を感知できたり感知できなかったりすることがちょうど半々で生じるところの刺激強度と定義されている。

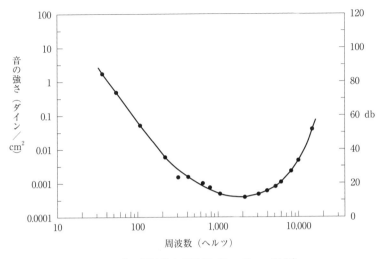

図2-4　音の周波数と刺激閾（ミュラー，1966）

刺激閾は刺激の性質によって異なる。たとえば，聴覚の場合では音の周波数によって
刺激閾は大きく異なってくる。およそ2000ヘルツから4000ヘルツあたりの周波数
では刺激閾が低く，これらの音はわずかな強度でも聞きとることができるが，周波数
がそれより低い場合や高い場合は刺激強度をずっと強くしないとそれらの音を聞きと
ることはできない。

いずれ感覚は生じなくなる。反対に，刺激強度をだんだんと強めていけば，
それに応じて感覚の大きさも増大する。しかし，どんなに刺激強度を増大さ
せても，もうそれ以上感覚が変化しないようなことがいずれ起こるであろう。
これが最大の感覚であり，そのときの刺激の強さが**刺激頂**（terminal threshold）
である。つまり，感覚の上限にあたるのがこの値である。

2）弁別閾とウェーバーの法則

　私たちが知覚する世界は，刺激閾と刺激頂に挟まれた範囲内にある刺激が
素材となって作り出されるのであるが，その知覚世界の形成には，もう1つ
大切な条件がある。それは，感覚が刺激のわずかな変化を感知できなければ
ならないということである。この差異の感知は弁別とよばれる。ほんのわず
かな刺激の変化を感知できるからこそ，たとえば視覚では，漢字のような複
雑なパタン，多様な色彩を見分けることができ，聴覚では多様な音色を聞き

分けることができるのである。2つの刺激の間の差異が十分大きければ弁別は容易であるが，それを徐々に小さくしていくと，たとえ物理的に違いがあっても，その差異はわからなくなり弁別できなくなる。2つの刺激を弁別できる最小の刺激強度差は**弁別閾**（difference threshold）とよばれている。これは2つの刺激の違いをちょうど感じられる差ということから**丁度可知差異**（just noticeable difference : j.n.d.）ともよばれる。つまり，弁別閾は感覚がどこまで細かく分析できるかの限界を表す測定値である。したがって，2つの刺激の間の差異が弁別閾に満たなければ，それらは物理的には違っていても感覚的には等しい，となる。

　弁別閾の測定にも精神物理学的測定法が用いられる。たとえば，恒常法を用いた光の明るさの弁別を取り上げてみよう。弁別の基準となる光刺激（標準刺激）と，これとは少しだけ強度（客観的な明るさ）が異なる光刺激（比較刺激）を何種類か用意する。被験者は，標準刺激と比較刺激を見比べて，比較刺激の方が"明"または"暗"といった二件法で報告したり，あるいは，これらに"わからない"という選択肢もくわえた三件法で報告したりする。このような方法で，標準刺激と各比較刺激との間の弁別を繰り返し行うと，比較刺激の強度に応じた弁別判断の割合を関数として表すことができる。弁別判断も，ある強度を境にしてそれ以上の刺激には明るいとか，それ以下の刺激には暗いとかはっきりと区別されるわけではない。一般的には，標準刺激と比較刺激との間の違いを50％の確率で感知できるところ，つまり，2つの刺激を区別できる割合とそれらを区別できない割合がちょうど等しいときの差異を弁別閾とみなしている。

　弁別閾は重要な特性をもっている。重さの弁別を行ったとしよう。仮に100gのおもりを標準刺激としたときの弁別閾が2gであったとする。では，標準刺激を500gにすると，そのときの弁別閾も同じように2gとなるだろうか？　これは，硬貨のようなものを使って試してみるとすぐにわかるが（1円硬貨の重さはちょうど1gである），100gを標準刺激とした場合と比較して大きくなる。つまり，弁別閾の値は標準刺激の刺激強度によって変わってくる。19世紀の感覚生理学者ウェーバーは重さの弁別についての実験を行い，

表2-2 いろいろな感覚次元でのウェーバー比 (Boring, et al., 1948)

感　覚	標準刺激	ウェーバー比
深部圧	約 400 g	0.013
明るさ	約 1000 トロランド	0.016
おもりの持ち上げ	約 300 g	0.019
音（1000 ヘルツ）の大きさ	100 db	0.088
におい（ゴム臭）	200 olfacties	0.104
皮膚への圧	5 g/mm²	0.136
塩味	3 mol/l	0.200

弁別閾（ΔI）と標準刺激の強度（I）との間には単純な関係があることを発見した。それは，ΔI と I の比は一定の値となる，というものである。この関係を式で表せば，$\Delta I/I = C$（C は定数）となる。今日，この式は発見者の名前をとって**ウェーバーの法則**（Weber's law）とよばれる。また，C の値は**ウェーバー比**（Weber ratio）とよばれている。表2-2には，いろいろな感覚次元でのウェーバー比を示しているが，この比の値が小さいほど，わずかな差で2つの刺激を区別できることを表している。つまり，このウェーバー比は感覚の鋭敏さを表す指標となる。なお，標準刺激が極端に小さかったり，極端に強かったりすると，このウェーバーの法則が成り立たなくなるという。

3. 感覚の大きさ

1）フェヒナーの法則と感覚尺度

　私たちは感覚的な判断を日常的に行っている。たとえば，薄暗くなったと感じれば電灯のスイッチを入れ，テレビの音が大きいと感じればボリュームを絞る。さて，少し暗いとか明るいとか，音がやや大きいとか小さいとか，私たちは感覚の大きさを適当な言葉を使って表現するのが通常であるが，では，その大きさがどれほどかをどのようにして測定することができるだろうか。測定するとは刺激に数値を当てはめることに他ならない。光や音の客観的な強さは適当な物理的測定器具があればすぐに測定できる。しかし，ここ

での問題は刺激を受け取ったときに感じられる主観的な大きさの程度を数値で表すことであって，そのためになすべきことは，感覚の大きさを測るメーター，つまり**感覚尺度**（sensory scale）を作り出すことである。

　そこで弁別閾の話を思い出してみてもらいたい。これは，2つの刺激を感覚的に区別できる最小の差異であった。ある刺激から強度が少しだけ増して，その増分が弁別閾を越えるとはじめて先ほどの刺激とは違うという感覚が生じるのである。このことは，弁別閾を感覚の大きさを測る最小の目盛りとして利用し，弁別閾分の強度が増加すると感覚尺度上の針が1目盛り分振れたと考えてみることができる。もう1つ，刺激閾の話も思い出してみよう。これは，感覚が生じるか生じないかの境目に相当する刺激強度であった。つまり，刺激閾に相当する強さの刺激を受け取ったときには，感覚尺度上の針は原点0をさしていると考えることができる。このような考えを推し進めていくと，ある強度をもつ刺激の感覚的な大きさは，刺激閾からその刺激の物理的強度までの間にいくつ弁別閾が積み重なったかを数えていけば，その数で感覚の大きさを表すことができるのではないだろうか。あたかも，物差しの目盛りを私たちが1つ2つと読み取っていくように。

　ある強度 (I) をもった音の大きさの感覚を測定する場合を考えてみよう。まず，ボリュームを絞って刺激閾に相当する音の物理的な強さを決めておく（I_0 とする）。このとき，針は感覚尺度上0の目盛りをさしている。そこで次に，音の強さ I_0 のときの弁別閾を測定し，その弁別閾分（ΔI_0）だけ音の強さを増す（I_1 とする）。すると，先ほどのときより音が大きくなったという感覚が生じるので，このときは，針は目盛り1をさしていることになるだろう。同じようにして，いまの音の強さ（I_1）のときの弁別閾を測定し，その弁別閾分（ΔI_1）だけまた音を強くする（I_2 とする）。すると今度は，針は目盛り2をさしていることになる。このような手続きを，測定しようとする刺激の音の強さ（I）に到達するまで何度も繰り返していくわけである。するとこの繰り返しの数，つまり弁別閾の累積数となるが，これが強さ I をもった音に対する感覚的な大きさの測定値と考えてみるのである。いま述べた刺激閾（I_0）から測定対象（I）に至るまでに弁別閾がいくつ積み重なったのかを簡単な式

で表すと，$I = (1 + C)^R I_0$ となる。C は音の大きさにおけるウェーバー比であり，指数 R が I_0 から I までに積み重なる弁別閾の数である。しかし，こうした方法では，その測定には膨大な時間と労力を要する。手間を省くにはどうしたらよいだろうか。

　ここで述べてきたことは，19世紀中頃，**精神物理学**（心理物理学：psychophysics）を創始したドイツの物理学者フェヒナーの独創に基づいたものである。彼は，感覚の大きさを次のような簡単な数式で表した。それは，$S = k \log I$ である。S は感覚の大きさ，k は定数である。これを**フェヒナーの法則**（Fechner's law）という。測定しようとする刺激に対する感覚の大きさは，その刺激強度をこの式に代入すれば自ずと数値で求められるので，この法則は感覚の大きさを測るメーター，つまり感覚尺度をあらわしているのである。

2）マグニチュード推定法とスティーヴンスのべき法則

　スティーヴンスは感覚の大きさを被験者に直接的に表現させる**マグニチュード推定法**（magnitude estimation method）という測定方法を考案し，刺激の物理的な強さとそれに対する感覚の大きさとの間の数量的関係を定式化した。この方法は，単純なことに，刺激を受けとったときの感覚の大きさを被験者に数値で表現させるのである。たとえば，光の明るさを測定する場合を取り上げてみよう。まず，ある物理的な明るさをもつ光刺激を標準刺激として与えて，そのとき感じられた明るさをある数値，たとえば10だとして考えてもらう。次に，別の明るさの光刺激を比較刺激として与え，その感じられた明るさが，標準刺激と比較してどのぐらいになるのかを数値で見積もらせる。半分の明るさと感じたならば5と報告させ，2倍の明るさと感じたならば20と報告させる。そして，このような測定をいろいろな強度の比較刺激を用いて繰り返していく。

　図2-5Aは，いくつかの感覚次元について，刺激強度と感覚の大きさとして見積もられた数値との間の関係を示している。このグラフからわかるように，明るさ判断では刺激強度が強くなるにつれて見積もられた数値の増分が徐々に少なくなるような傾向があり，電気ショックの強さの判断では，こ

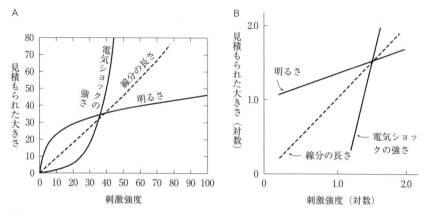

図2-5　マグニチュード推定法による刺激強度と感覚の大きさの関係（Stevens, 1962; Goldstein, 2002 より）

A　刺激強度と見積もられた数値との間の関係は感覚次元によって大きく異なっている。しかし，B 刺激強度と見積もられた数値のデータを両対数グラフにプロットすると傾きだけが異なる直線で表される。

れと逆の傾向を示している。また線分の長さの判断では，線分の客観的な長さと見積もられた数値は正比例する。このように，刺激強度と見積もられた数値との間の関係は感覚次元によって異なっている。しかし，見積もられた数値（感覚の大きさ）を ψ，刺激強度を φ とすると，それらの間には，$\psi = k\varphi^n$ という関係が導かれる。k は定数，n は感覚ごとに定まる値である。これはスティーヴンスのべき法則（Stevens' power law）とよばれる。この法則も，感覚の大きさは刺激強度を n 乗すれば数値で求まるという意味で，感覚尺度をあらわしている。図2-5A の明るさ判断にみられるような負の加速度曲線の場合，n の値は 0 と 1 の間となり，線分の長さの判断に見られる正比例の場合は n の値は 1 となる。そして，電気ショックの強さの判断に見られるような正の加速度曲線の場合では，n の値は 1 より大きくなる。なお，図2-5A のグラフの両軸を対数で表せば，図2-5B に示すように，n の値に応じて傾きだけが異なる直線となる。

4. 順　　応

　刺激閾を十分に越えたある一定の強度をもった刺激をしばらくのあいだ受けるとしよう。同じ強度の刺激を持続して受けていると，次第にその刺激に慣れてしまい，最初に生じたその刺激に対する感覚は変化する。これが**順応**（adaptation）とよばれる現象である。飛行機でも自動車でも，それに乗っていると，最初はエンジンの音が気になって仕方がないが，次第にそれに慣れてしまい，そのうちほとんど気づかなくなってしまう。このように，順応は誰でも経験する身近な現象である。ある刺激に順応してしまったあと，その刺激を取り除けば，次第に順応から回復する。

　順応，つまり刺激に慣れるとは，それまでの感覚が次第に弱まり感じられなくなってしまうということからわかるように，これは，刺激閾が順応の進行とともに高くなり，感受性が低下してくることを示している。普通，塩辛さを感じる刺激閾は 0.25％ 程度の塩分濃度であるという。したがって，塩分濃度 15％ の食塩水はかなり塩辛く感じる。しかし，その 15％ 濃度の食塩水を口に含んでいると 30 秒ほどで順応し，塩辛さはまったく感じられなくなる。つまり，塩分濃度の刺激閾が上昇し 15％ になってしまったわけである。一方，後述する暗順応の場合のように順応によって次第に刺激閾が低くなり，感受性が高まることもある。

　順応の役割は，その時々の感受性のレベルを決め，知覚判断の基準を与えることであろう。このため，順応によって感受性が高くなったり，あるいは低くなったり変化すれば，同じ刺激でもその知覚判断が変わってくることになる。たとえば，同じ温度のお湯でも，順応前は「熱い」と感じたものが，順応によって感受性が低下すれば，そのお湯は「ぬるい」と感じるのである。

5. 感覚の対比

　図2-6に示した2つの図を見ていただきたい。中心にある灰色の小円の明るさは左右の間で客観的には同じなのであるが，それらを見比べてみると，背景領域の明るさによって異なった明るさとして見えるだろう。左のように暗い背景では小円は明るく，右のように明るい背景では，反対にそれは暗く感じる。このような事情は次の図2-7に示したような明と暗の領域が隣接する場合でも同じである。明暗2つの領域の境目部分を注意深く見てみよう。すると，明領域の中でも，暗領域と隣接する境目は一層明るく見え，一方，暗領域の中でも明領域と隣接する境目領域は一層暗く見える。これが，**明るさの対比**（brightness contrast）とよばれる現象である。つまり，感覚には，明と暗の2つの領域の明度差を一層強調するような働きが備わっている。

　感覚の対比は，いま体験した明るさの対比の他にもいろいろある。図2-6に示した小円の背景領域を，左図では赤色に，右図は青色にしておいて，2つの同じ灰色の小円を見ると，背景領域の色の違いによってそれらの小円の見え方が異なってくる。背景領域が赤色であると小円の灰色は，わずかであ

図2-6　明るさの対比

2つの小円の灰色の濃さは等しくなっており，同一光源下でこれらを観察すれば2つの小円の客観的な明るさは等しくなる。皆さんも，白い紙にパンチ穴をあけて，その穴を通して小円だけが見えるようにして，このことを確認していただきたい。しかし，これらを取り囲む領域の明るさが異なると，2つの小円の知覚された明るさは異なってくる。

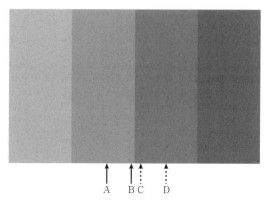

図2-7　明と暗が隣接する領域での明るさ対比

暗領域と隣接する明領域を見ると，その境目部分（B）の方が中央部分（A）より一層明るく見える。一方，明領域と隣接する暗領域を見ると，その境目部分（C）は中央部分（D）より一層暗く見える。したがって，その境目部分は明暗コントラストが強調されていることになる。

るが，赤色の補色である緑に色づいて見え，一方，背景領域が青色であると，こんどは，小円はその補色である黄色にわずかに色づいて見える。このような現象は**色の対比**（color contrast）とよばれている。さらに，視覚以外にも，重さの感覚で対比が観察されるという。

6.　視覚系の構造と機能

1）錐体と桿体

　私たちが光を見るときに最初にしていることは光の受容である。この働きを担っているのが視細胞（**光受容器**（photoreceptor）ともよばれる）であり，眼球内の**網膜**（retina）の中に含まれている（図2-8A）。視細胞は眼球内に入ってきた光を吸収し，その吸収量に応じて反応する。これが視覚過程のはじまりである。図2-8Bに示すように人の網膜は3層構造となっており，視細胞はそのうち最下層にぎっしりと敷き詰められている。視細胞は**錐体**（cone）と

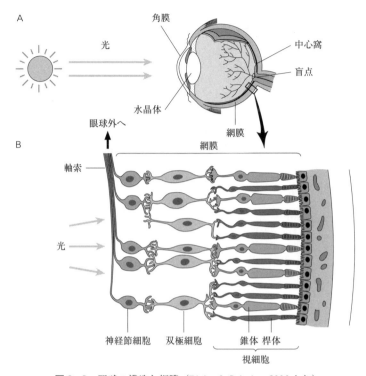

A 角膜
光
中心窩
盲点
水晶体
網膜

B
眼球外へ
網膜
軸索
光
神経節細胞　双極細胞　錐体 桿体
視細胞

図2-8　眼球の構造と網膜（Blake & Sekuler, 2006 より）

A 人の右眼の水平断面図を示している。視覚が生じるには，角膜，水晶体を通過して入ってきた光が眼球内側にある網膜に達しなければならない。B 網膜の一部を拡大した図。網膜は3層構造であり，そのうち最下層にある視細胞（錐体と桿体）は光を受け取る働きをもつ。錐体および桿体が光を受容すると反応し，その神経情報は中間層にある細胞（たとえば，双極細胞）へ，それから最上層にある神経節細胞へと次々に伝達される。そして，これらの神経情報は，神経節細胞の長い軸索を伝わり盲点から眼球外へ出ていく。

桿体（rod）の2種類に分類され，これらは形状も違えば，その数も，網膜上の分布も大きく異なっている。図2-9Bは錐体と桿体の網膜上の密度分布を表したものである。錐体は，その数は650万ほどあるといわれているが，そのほとんどが眼球最奥部の**中心窩**（fovea）とよばれる直径およそ1.5 mm（視角5°）の部分に集中し，そこから少しでも周辺にはずれると極端にその数を減らしてしまう。一方，桿体は，その数はおよそ1億2000万もあるが，それらは網膜の周辺部に数多く存在し中心窩にはない。

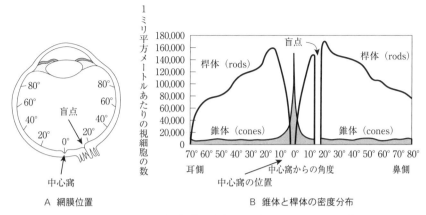

図2-9　錐体と桿体の密度分布 （Goldstein, 2002 より）

A　中心窩を0°として，そこからの角度で網膜上の位置を表す。右図Bの横軸はこれに相当する。
B　網膜上での錐体と桿体の密度分布は大きく異なっている。錐体は中心窩付近に集中して存在し，
一方，桿体は中心窩には存在せず，その周りの領域に存在する。中心窩から鼻側へ少しだけ隔たっ
たところ（およそ10°～20°）は盲点とよばれ，ここには錐体も桿体も存在しない。この箇所は，
すべての神経節細胞から伸びた軸索が集まり束ねられて眼球から出ていくところである。ここか
ら先は視神経の束となる（図2-10参照）。

　視細胞は，光を受け取るとそれを神経情報に変換し出力する。そして，そ
の情報は2番目の層にある細胞へ伝達され，さらに，その上にある3番目の
層にある神経節細胞へと伝達されていく。こうして，この神経情報は神経節
細胞から長く伸びた軸索を伝わって，視神経乳頭（盲点）から眼球外へ出て
いく。図2-9Bの鼻側10°から20°のあたりには錐体も桿体も存在しないが，
この部分がその出口である。そのあと，この神経情報は，図2-10に示すよ
うに，視交差，外側膝状体を経て大脳視覚皮質へ送られる。私たちの視覚世
界は視細胞が光を受け取ってからいろいろな長い経路を通って成立するので
ある。

2）光に対する感受性と暗順応

　錐体と桿体とでは，光に対する感受性（感度）が著しく異なっている。こ
の違いを**暗順応**（dark adaptation）という現象からとらえてみる。誰でも経験
しているように，夜間，戸外へ出てしばらくすると，暗闇に慣れてそれまで

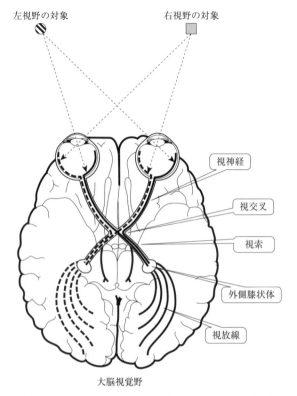

左視野の対象　　　右視野の対象

視神経

視交叉

視索

外側膝状体

視放線

大脳視覚野

図2-10　眼球から大脳視覚野までの視覚伝送路（Gold-stein, 2002 より）

この図には，視細胞（錐体と桿体）からの神経情報が大脳視覚野へと伝達される経路が描かれている。左右の眼球から出た視神経の束は視交叉を通過する。このとき，左右両眼とも網膜中心から見て左半分からきた視神経同士（図中点線）が一緒になって新たに束ねられ，一方，右半分からきた視神経同士（図中実線）も一緒になって新たに束ねられて，それぞれの束が視索と名を変えて，前者の視索の束は左の外側膝状体へ，後者の束は右の外側膝状体へと至る。外側膝状体に到達した視索は，この場所で新たな神経へと中継され，これらは視放線と名を変えて，放線状に脳内を進んで最終的に大脳視覚野へ到達する。網膜に映じた像がこのような経路を通って視覚野へ到達することから，左視野にある対象は右脳の視覚野で処理され，一方，右視野にある対象は左脳の視覚野で処理される。

見えなかった周りの様子が次第に見えはじめてくる。この暗闇に慣れること が暗順応である。では，暗闇に慣れるとはどういうことであろうか。これは 光に対する目の感受性が高まったことを意味する。日常の経験からもわかる ように，私たちの目が暗闇に慣れるには一定程度の時間を要する。ここでは， 暗順応の経過から，錐体と桿体の機能特性を見ていくことにしよう。

　暗順応が進行する様子を調べるのには光覚閾が使われる。光覚閾とは，光 を感知できるかどうかの境目にあたる刺激閾のことである。光覚閾が低くな ればなるほど，かすかな光でも感知できることになるので，これは光に対す る感受性（感度）が高まったことを意味している。

　実験では，まず，被験者の目を十分に明るい光に慣らしておく（明順応と いう）。それから，実験室の明かりを消して暗室状態にする。この時点から 目は暗順応しはじめるので実験開始である。図2-11Aに示すように，被験 者は固視点を凝視し，そこから少し隔たった位置（たとえば耳側6°あたり）に 光覚閾を測定するためのテスト光が提示される。被験者はテスト光の強さを 調整し，ちょうど見えなくなるところを決めてもらう。このときのテスト光 の強さが光覚閾である。そして，そのときの経過時間も記録しておく。この ような手順でその後も何度も繰り返して光覚閾を測定し続けていくのである。

　暗順応の経過による光覚閾の変化は，図2-11Bの実線（a）で示している。 この曲線は暗順応曲線とよばれる。これを見ると，暗順応は30〜40分程度 で完了し最高感度をもった目となる。グラフの縦軸は光覚閾を対数で表して いるので，光覚閾が1目盛り分低下すれば，それは感度が10倍高くなった ことを意味し，2目盛り分の光覚閾の低下は100倍，3目盛り分の低下では 1000倍と，それぞれ感度が桁違いに高くなることを意味する。

　暗順応曲線を見ると，特徴的な箇所を1つ見つけることができる。それは 実験開始から10分くらい経過したあたりである。暗順応曲線がそこで折れ 曲がっている様子が見てとれる。実験開始から急速に光覚閾の低下，つまり すばやい暗順応が生じるが，5〜6分経過する頃から10分経過するあたりに かけて光覚閾の低下が鈍ってくる。しかし，10分を過ぎる頃，再び光覚閾 が急速に低下しはじめ，30分ぐらいで限界に達するような傾向を示してい

A 実験状況

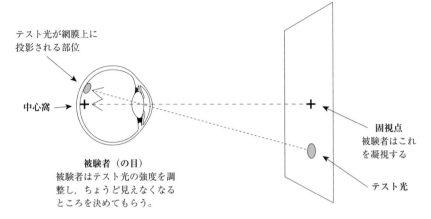

テスト光が網膜上に
投影される部位

中心窩 →

被験者（の目）
被験者はテスト光の強度を調
整し，ちょうど見えなくなる
ところを決めてもらう。

固視点
被験者はこれ
を凝視する

テスト光

B 暗順応曲線

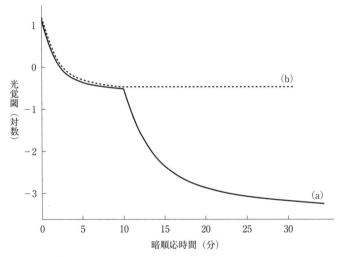

図2-11　暗順応実験の状況と典型的な暗順応曲線の例

暗順応の経過は光覚閾の変化を測定することによって調べることができる。A 光覚閾は中心窩より
少しだけ隔たった位置にテスト刺激を提示して測定される。B 暗順応が段階的に進行する様子が観
察される（a）。最初に，錐体の暗順応がすばやく起こり，10分ぐらいでその順応は止まる。する
と桿体の暗順応が続いてはじまり，およそ30分かけて完全に暗順応し，私たちの目は最高感度を
もつことになる。一方，テスト光を中心窩に提示したときに観察される暗順応曲線は（b）のように
なる。

る。つまり，暗順応が 2 段階に分かれて進行しているのである。いったいこれは何を表しているのであろうか。結論から先に述べれば，実験開始から10 分経過するまでの光覚閾の低下は錐体の暗順応を，それ以降は桿体の暗順応を示している。したがって，光に対する感度は錐体より桿体の方がはるかに優れているのである。

　さて，最初の 10 分は錐体の暗順応を表すと述べたが，どうすればそれが分かるのであろうか。いまの実験では，テスト光の提示位置は中心窩からやや周辺にずれたところであった。図 2-9B に示したように，その位置は錐体も桿体も存在する部位である。よって，テスト光の提示位置を中心窩にして実験してみればよい。なぜなら，中心窩には錐体しかないからである（図2-9B 参照）。すると，図 2-11B の点線の曲線（b）のように，実線（a）で観察された 10 分を過ぎた頃から現れる光覚閾の低下が観察されないのである。

　このような暗順応の特性は，私たちの眼が環境に対して適応的に働いていることを物語っている。私たちが生活している環境条件を明暗レベルでとらえてみると，それは，星明かりの夜のような絶対的に光量が不足している条件から，晴天下のように強烈な太陽光が降りそそぐ条件まで，その範囲はきわめて広い（図2-12参照）。このような光環境のもとで暮らすとき，私たちは 2 つの視覚系をうまく使い分けていると考えることができる。つまり，夜間のように光量が絶対的に足りないときには，桿体を使って目の感度を上げてわずかな光も感知できるよう準備する。昼間のように光が十分に満たされている場合は高い感度は必要ない。そのときには感度の低い錐体を利用するわけである。

3）錐体と桿体の分光感度

　光への感受性はその波長（色）によって異なってくる。図 2-13 には，錐体と桿体について，光の波長ごとの光覚閾（**分光感度**（spectral sensitivity）とよばれる）を示している。いずれの曲線も V 字型で，短い波長の光（青系）や長い波長の光（赤系）と比べて，それらの中間にある波長の光（緑系）に対する光覚閾は低い，つまり感度がよい。さらに錐体と桿体を比べてみると，光

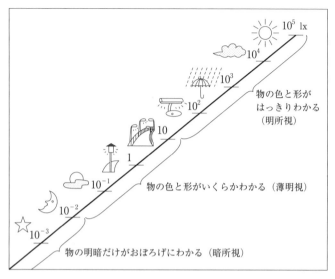

図2-12　日常での光環境（池田，1988）

私たちが過ごしている光環境は星明かりのもとから晴天下まで，その強度範囲はきわめて広い。照度レベルで見るならば，それらの間には1億倍もの開きがある。私たちの目はこうした環境に適応しなければならず，そして現にいま適応しているのである。

覚閾がもっとも低い波長に幾分ずれが見られる。桿体は緑色の光（およそ505ナノメートルの波長光）に対して感受性が高いが，錐体の場合はそれよりやや長波長側にずれた黄色の光（およそ550ナノメートルの波長光）にもっとも高い感受性を示す。錐体と桿体のこのような違いは，日常では昼間と夜間とで明るく感じられる色が異なることと関係する。昼間は黄色の光が明るく輝いて感じられるのに対して，夜間になると緑色の光が明るく輝いて感じられるのである。このような現象は**プルキニエ現象**（Purkinje phenomenon）とよばれている。信号機の黄色と緑色ではどちらが明るく輝いて感じるかを，昼間と夜間とで見比べてみてほしい。

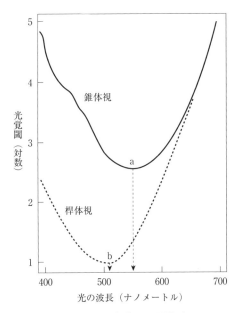

図2-13　光の波長と光覚閾の関係（ミュラー，
1966に基づいて作成）

私たちは可視光の範囲にあるすべての光を同じように感知する
わけではない。光覚閾を測定するとき，テスト刺激として
用いる光の波長が異なれば，それに応じて光覚閾は大きく変
化する。錐体も桿体も中間領域の波長光に対して感度が高い。
ただし，図中aとbの矢印が示すように，錐体と桿体とでは，
最大感度を示す光の波長がずれている。

4）視力（空間的解像力）

　図2-14Aを近くで見れば縞模様として見える。では，この縞模様を細か
くしてゆくと，その見え方はどのように変化するだろうか。その答えは，縞
模様とは見えずに一様な灰色の面として見えるようになる。皆さんは，この
図を目から徐々に遠ざけていきながら観察していただきたい。これは，隣接
する明領域と暗領域がどのくらい空間的に分離していれば明暗弁別ができる
のかを測定しているのである。すなわち，細部を見分ける能力の測定である。
これが**視力**（visual acuity）である。

　通常の視力検査では，図2-14Bに示す**ランドルト氏環**（Landolt ring）とい

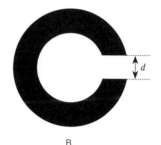

A   B

図2-14　視力の測定

A 明と暗の縞模様を細かくしていくと明暗の弁別は困難となり一様な灰色の面として知
覚される。縞模様として知覚できる細かさの限界は，私たちの細部を見分ける能力，つ
まり視力（空間的解像力）を表している。
B 視力検査で用いられる標準指標はランドルト氏環とよばれる。

う標準指標が用いられ，切り欠き部分が見えるかどうかが検査される。この
図に基づけば，右側の切り欠き部分の上端と下端の間がどのくらい空間的に
離れていれば（図2-14Bのdの幅），その部分が切り欠きとして見えるのか，
その限界が調べられているのである。ちなみに，視力1.0という測度は，
5 mの距離から視角1′（分）の切れ目（$d=1.5$ mm）が見えることを表してい
る。

　視力は網膜の位置によって大きく変わる。それはいますぐに体験すること
ができる。このページの中心を凝視し，左右上下にある周辺の文字を読み取
ることができるかどうか試してみればよい。図2-15には網膜位置別の視力
を測定した結果が示されている。視力は中心窩付近がもっとも鋭敏であり
（＝空間的解像力が高い），そこから少しでも周辺にずれると大幅に視力は低下
する。中心窩付近には錐体しか存在せず，周辺部では桿体が多くを占めてい
ることを思い起こせば（図2-9参照），これは，錐体が桿体と比べて細部を見
分ける能力，つまり視力に優れていることを示している。私たちが見ている
対象の形態を正確に把握するために視線をそれへ向けるのは，その対象を中
心窩でとらえねばならないからである。私たちが本や新聞を読むときに文字
を追って目を動かしているのも，視力が鋭敏な中心窩で文字をとらえようと
しているからである。

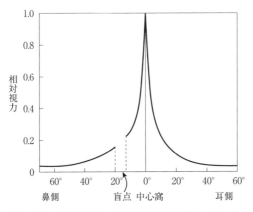

図2-15 網膜位置による視力の不均等性（ホッホバーグ，1966 を改変）

検査刺激を網膜中心窩（0°）やそこからさまざまな距離にある場所に提示して視力を測定してみる。すると，視力は中心窩でもっとも高くなるが，そこから少しでも周辺にずれると視力は急激に低下する。

表2-3　錐体と桿体の特性（下條，1996）

	錐　体	桿　体
活動環境	昼間	夜間
感度	低	高
視力	高	低
時間的解像力	高	低
分光感度の最大値（波長）	555 nm	505 nm
暗順応の速度	約7分	約40分
色覚	有	無

5）桿体と錐体の機能特性

　ここでは錐体と桿体の機能特性を光に対する感受性と視力からとらえてきたが，表2-3に示すように，錐体と桿体は，このほかにもいろいろと異なった特性をもっている。これらのうち錐体と桿体の間でのもっとも顕著な違いは色覚の有無である。錐体は色を区別する働きをもっているが，桿体はそのような働きはもっていない。次節では，この色覚の仕組みについて考えていくことにする。

7. 色覚（色を見る仕組み）

　偉大な物理学者であるニュートンは1704年に出版した著書『光学
(Opticks)』の中で，「光線には色はついていない」という有名な言葉を残し
ている。ニュートンは，赤く見える光や，事物をそのような色に見えさせる
光は「赤色にするもの，または赤を生じるもの」（ニュートン，1983，p. 126)
とよび，「光の中にはあれこれの色の感覚を生じさせる能力と性向とがある
だけである」（ニュートン，1983，p. 126）と述べている。つまり，リンゴが赤
く見えるのは，リンゴに赤色がついているからなのではなく，リンゴの表面
にあたった太陽光のうち比較的長い波長の光だけが反射して私たちの目に到
達し，それを赤色に変換する仕組みが働くからなのである。ニュートンは，
色は感覚が働いて生じることを知っていたのであろう。では，私たちはどの
ようにして数多くの色を見，それらを区別しているのであろうか，本節では，
この色覚の仕組みについて考えていく。

　視覚による感覚経験は受容器である視細胞が光を受け取ることからはじま
る。そうすると，この受容器にどのような仕組みが備わっていると，色の感
覚や色の区別が可能となるのだろうか。さしあたり，もっとも単純な仕組み
を取り上げながら，色覚の仕組みを考えはじめてみよう。それは，赤色光を
受容し反応する受容器や緑色光を受容し反応する受容器などのように，人が
区別できる色の種類のそれぞれに対応した別々の受容器を想定してみること
である。そうすれば，ある色光に対してどの種の受容器が反応したかによっ
て，それが何色であるかと感じることができるし，2種類の色光に対してそ
れぞれに反応した受容器が異なれば，それらは異なる色として区別できるよ
うになる。しかし，こうした単純な仕組みは現実的にはありえない。なぜな
ら，私たちが区別できる色の種類は膨大であり，そうすると，視野内にある
ほんの一点の色の区別をするためにも，膨大な数におよぶ種類の受容器を必
要としてしまうからである。すると問題は，できるだけ少ない種類の受容器

の働きで，数多くの色を区別できるような仕組みを考えることになるだろう。

1）混　　色

　色覚現象の中で**混色**（color mixture）とよばれる現象が知られている。この現象は，複数の異なる色光を同一箇所に照らすと，そこに別の色の感覚が生じるというものである。一般に，赤，緑，青の3つの色光があれば，それらの強さをいろいろと調整して同一箇所に照らせば，あらゆる色をその箇所に見ることができる。つまり，ある任意の色は，見かけの上では，これら3つの色光を加えることで作り出せるのである。したがって，赤，緑，青は，他の色を作り出す素材となる色であることから原色とよばれる。そして，このような仕方による混色は**加法混色**（additive color mixture）という。なお，複数の色フィルターを重ねることで得られる混色は**減法混色**（subtractive color mixture）とよばれる。さて，加法混色の現象に見られる色の加法性は等色実験によって実際に確かめることができる。この実験では，図2-16に示されているように，衝立で左右に仕切られたスクリーン上に，左視野には1種類の色光を提示し，右視野には赤，緑，青の色光をそれらの強さを調整して提示する。たとえば，黄色光を左視野に，右視野には緑色光と赤色光をそれぞれ提示すれば，右視野も黄色に見えて等色が成立する。この等色実験に見られる混色の現象を理解するにあたって大切なことは，左右の視野から感じられた色は等しくとも，その感覚を引き起こす物理的な刺激（光の波長）はまったく異なっている，という点である。右視野が黄色に見えたからといって，赤色光と緑色光とが黄色光に変わってしまったのではない。だから，この混色は物理現象なのではなく心理現象，一種の錯覚である。ちなみに，この混色の現象は私たちが普段の生活で体験している。その代表がテレビである。テレビの画面上には多くの色を見ることができるが，実際に画面から目に届いている光は，強さの異なる赤，緑，青の3種類だけである。テレビに映っている女優のドレスが黄色に見えるからといって，テレビから黄色光が出ているわけではない。

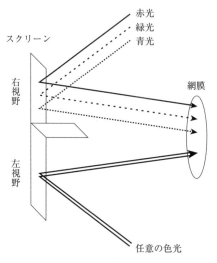

図 2-16　等色実験

スクリーン上の右視野には赤，緑，青の３種の
色光を提示する。左視野には単一波長の色光を
提示する。すると，右視野への３種の色光の強
さを調節すれば，左視野の色光とまったく見分
けがつかなくなるようにすることができる。こ
のように，両視野に等しい色を感じて見分けが
つかなくなったとしても，この図で明示されて
いるように，網膜に到達する光はまったく異
なっている。

2) 三色説 (ヤング–ヘルムホルツ説)

　等色実験で見たように，ある任意の色と，複数の色を混色させた色とを見
たときに，私たちはそれらをまったく見分けのつかなくなるほど等しい色に
感じてしまう。ということは，等色実験で左右の視野からの光がそれぞれの
網膜部位に達すると，それらの部位では同じ仕組みが働いていると考えるこ
とができる。たとえば，右視野で緑色光と赤色光を混色させれば黄色を見る
ので，黄色光のあたった左視野の網膜部位では緑色光に反応する受容器と赤
色光に対して反応する受容器とが同時に反応するような仕組みが働いている
と仮定できる。したがって，黄色光の感知には，それに対して反応する受容

器を想定する必要がなくなる。すると，前述したもっとも単純な色覚の仕組みで想定した膨大な受容器の中から1種類減らすことができる。

　このような仕方で色を区別するのに必要な受容器は何種類あればよいかと考えていくと，あらゆる色は赤，緑，青の色光を混色することによって作り出せるという色の加法性を考慮すれば，結局，これら3つの色光に対して特異に反応する3種類を想定すれば，あらゆる色を見分けることができるとなろう。これが，1802年にヤングによって提起され（Young, 1802/1948），後に1860年ヘルムホルツによって体系化された（Helmholtz, 1860/1948）**三色説**（trichromatic theory）あるいは彼らの名前をとった**ヤング-ヘルムホルツ説**（Young-Helmholtz theory）の考え方である。ヘルムホルツは，網膜内には3種類の神経線維があり，それらは光のどの波長にも反応するが，その反応特性がそれらの間で異なると仮定した（図2-17参照）。そして，ある色光が何色として見えるかは，これら3種の神経線維の反応パタンによって決まり，また，2種の色光が区別できるのも，各色光に対して3種の神経線維が異なる反応パタンを示すためだと説明された。つまり，この三色説は，光の波長に

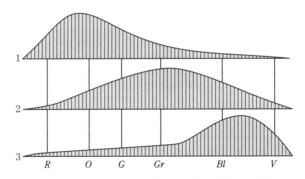

図2-17　ヘルムホルツが提案した三色説の概念図
（Helmholtz, 1860/1948 より）

ヘルムホルツは色覚の生理学的な仕組みとして3種の神経線維を想定した。どの神経線維もさまざまな色光に対して反応するが，もっとも強く反応する色光が3種の間で異なると考えた。上段の第一の神経線維では赤色の光に，中段の第二の神経線維は緑色の光に，そして下段の第三の神経線維はスミレ色の光に，それぞれもっとも強く反応する特性をもっている様子を示している。

よって三者三様の仕方で反応する3種の神経線維の働きが色覚メカニズムの基礎と考えているのである。

3）分光感度の異なる3種類の錐体

　三色説が唱えるように3種の神経線維が色覚の仕組みとして働いているのであれば，それらが網膜内のどこかに発見されねばならないが，当時はまだ見つかっていなかった。この意味で，この説はその提起から長らく仮説のままであった。しかし，20世紀の半ばになって，はじめて三色説に相当するような特性が網膜内の錐体から見つかった。こうしてこの説は神経生理学的な根拠を得て実証されたのである。

　人の網膜内には3種類の錐体（S錐体，M錐体，L錐体とよばれる）が含まれており，図2-18に示すように，これら3種の錐体は光の波長に応じた感度特性，すなわち分光感度に違いがある。S錐体は420ナノメートル付近の波

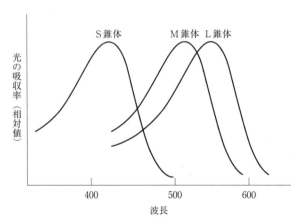

図2-18　人の3種類の錐体の分光吸収特性（Dartnall et al., 1983; Goldstein, 2002より）

3種類の錐体はいずれも広範囲にわたる波長光を吸収するが，その吸収率が最大となる波長はこれらの間で異なっている。3種類の錐体について，光の吸収率のピークに相当する波長はそれぞれ，おおよそ420ナノメートル，530ナノメートル，560ナノメートルであり，このような特性の違いから3種の錐体はS錐体，M錐体，L錐体とよばれている。

長光を効率よく吸収するような特性をもち，M 錐体は 530 ナノメートル付近の波長光を，L 錐体は 560 ナノメートル付近の波長光を，それぞれ効率よく吸収する特性をもつ。錐体が光を吸収すると，その程度に応じて反応の大小が変化するのであるが，このとき，3 種類の錐体は，同じ波長の光を受け取ったとしても異なった反応を起こすことになる。たとえば，図 2-18 を参照してみると，500 ナノメートル付近の波長光では，S 錐体はわずかに反応するだけだが，M 錐体は大きく反応し，L 錐体は中程度の反応といった具合である。つまり，ある波長の光は錐体レベルでは 3 つの値の組み合わせで表現できることになり，この組み合わせの違いが色の区別の基礎となる。

　一方，桿体は，錐体と異なり 1 種類しかない。このことが桿体では色の区別ができないことと関係するのであるが，その理由については，他書（Cornsweet, 1970；Goldstein, 2002；鳥居，1982）を参照されたい。

4）ヘリングの反対色説から段階説へ

　私たちが自然にある色を見るときに，複数の色味が混じりあったような色味を感じることがある。19 世紀の生理学者ヘリングは，こうした色の見え方，つまりその現象的な性質を手がかりにして**反対色説**（opponent color theory）を提起した。三色説に基づけば原色の数は赤，緑，青の 3 つであったが，ヘリングは，現象的な立場から見ると，それら 3 つに黄色を加えて 4 種であると主張する。三色説は，黄色は赤と緑の加法混色によって作り出されるので原色とは考えなかった。しかし現象的には，黄色を見たときに，赤味も緑味も感じられることはない。だからヘリングは，黄色は混じりけのない純粋な色として原色としたのである。そして，そのほかの色はこれらの色が混じり合って作り出されると考えた。

　ヘリングの主張はもう 1 つあって，それは反対色という性質である。普段，ある色を見たときに赤味がかった青とか，青味がかった緑のような，2 種の色が混じり合った中間的な性質をもつ色を感じることはあっても，赤味がかった緑や青味がかった黄色のような色を感じることはない。このように，ある色を見たときに赤と緑を，または黄と青とを同時に見ることはないとい

う現象的な性質から，赤と緑および黄と青は対立する色と考えられた。これが反対色の性質である。

　ヘリングは，これら色感覚の現象的性質を説明できるような仕組みとして，視覚系の中に，光の波長に応じて相反する反応（仮に正反応と負反応と表現する）を起こす過程を3種類想定した。図2-19にその概略を示すが，ここでは，それら3種の過程をそれぞれ赤-緑過程，黄-青過程，白-黒過程と表現する。そして，それぞれの過程で生じた反応の組み合わせ方でいろいろな色の感覚が生じると説明するのが，この反対色説である。たとえば，ある色光を受け取ったときに，これら3つのうち赤-緑過程の正反応だけが生じれば，その光には赤味を感じ，負反応だけが生じればそれに緑味を感じる。同様に，色光に対して黄-青過程の正反応だけが生じれば黄味を，負反応だけでは青味をそれぞれ感じる。また，受け取った色光に対して赤-緑過程も黄-青過程もともに正反応が生じれば，その光には赤味と黄色味を帯びたオレンジ色の感覚が生じる，とこのような具合である。なお，図2-20は，赤-緑過程と黄-青過程のそれぞれについて，光の波長に応じた反応特性を示し

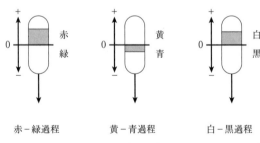

赤-緑過程　　　　黄-青過程　　　　白-黒過程

図2-19　ヘリングの反対色説（Palmer, 1999を一部改変）

ヘリングが想定した3種の過程を模式的に表している。目が受け取ったある波長の光に応じて3種の過程はそれぞれ正負いずれかの反応を出力する。この図では，赤-緑過程では正反応によって赤の感覚が，黄-青過程では負反応によって青の感覚が，そして白-黒過程では正反応によって白の感覚が，それぞれ生じている様子を表している。したがって，これらの反応から感じられる色は，赤味と青味と白の明るさが混じり合った明るいスミレ色となる。

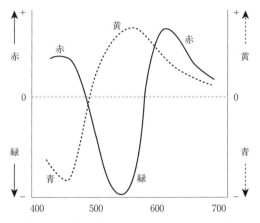

図 2-20　赤-緑過程と黄-青過程の反応特性
（Palmer, 1999 を一部改変）

赤-緑過程と黄-青過程について，光の波長に応じた反応
特性を示している。赤-緑過程では，短い波長や長い波長
の光に対して正反応が生じて赤味を感じ，中程度の波長
の光に対しては負反応が生じて緑味を感じる。一方，黄-
青過程では，短い波長の光には負反応が生じて黄味を感
じ，それより長い波長の光へは正反応が生じて青味を感
じる。このようにして，ある波長の光から感じられる色
は，それぞれの過程から生じた色味が混じり合ったもの
となる。

ている。

　三色説と同様に，この反対色説も提起された当時は，まだ仮説の段階で
あった。しかし，20世紀に入り，3つの過程それぞれに相当するように振る
舞う神経が発見され，この説も神経生理学的な根拠を得たのであった。した
がって，三色説も反対色説も正しいのである。そこで現在では，これら2つ
の説を組み合わせた段階説が色覚の仕組みとして考えられている。私たちが
色を見たり，色を区別したりすることができるのは，光が錐体によって受け
取られると，最初の段階（錐体レベル）で，三色説に示されたような3種類の
情報が送り出され，その情報をもとに次の段階で反対色説のメカニズムが働
くことが基礎となっているのである。

3章
知　　　覚

　いま窓から外を見渡せば，人の姿，家や草木が見え，耳を澄ませば，外から人の声，走行中の自動車の音や音楽の旋律が聞こえてくる。そして手指からはパソコンのマウスや湯飲み茶碗の感触が伝わってくる。このように私たちが見るもの聞くもの触れるものは，形や大きさ，動きをもち，立体的で，そして意味を担った事物・事象である。こうした複雑な対象に対する知覚が成立するには，前章で見てきた感覚の働きを基礎としながらも，さらに高次の働きが関与する。そして，私たちは知覚することを追いもとめ，それによって豊かな精神生活を送ることができるのである。

1.　知覚することへの要求

　日常世界は形，色，音や匂いなど，さまざまな種類の刺激に満ちており，いやが上にも感覚や知覚を働かせざるをえない状況にある。このため普段は，それらが働いていることそれ自体に何か格別の役割があるとは気づかない。では，きわめて単調な環境に人が置かれるとどうだろうか。いつも同じ光景，同じ音，同じ感触しか得られないような状況である。このような状況は，普段は気づくことのない感覚や知覚の役割についていろいろなことを教えてくれる。

　カナダの心理学者ヘッブの研究室において，人は，極端に感覚刺激を制限した環境，つまり退屈な状況にどれほど我慢することができるのか調べられた（Heron, 1957）。この実験では，参加した大学生に対して，食事とトイレに

行くこと以外は，小部屋の中で何もせずベッドに横になって過ごすことを求めた。そのため見る，聞く，触れる行動までも制限した。実験状況が図3-1に示されているが，両眼は半透明のプラスチックの覆いをつけられ，光を感知することはできるが，室内の様子を見ることはできなかった。また，両手には木綿の手袋をつけられ，その上，両腕は筒状のもので覆われ，手指への感触は手袋の肌触りだけで，自分の身体や事物に触れることはできなかった。さらに，この小部屋は防音室となっているため外の音は聞こえず，また，両耳はU字型の枕で覆われ，空調機の単調な音しか聞こえなかった。

　すると，被験者たちは，このような状況に我慢することはできなかった。それに加えて，こうした単調な環境に置かれると，心理的にも行動的にもさまざまな変化が現れた。簡単な計算問題を解いたり言葉を連想したりすることが困難となり，また，筋道を立てて考えることもできなくなってしまうなど，思考活動の乱れが生じた。幻覚を体験したと報告する被験者もいた。その幻覚は視覚，聴覚，体性感覚（皮膚感覚，深部感覚，内臓感覚を総称してさす）

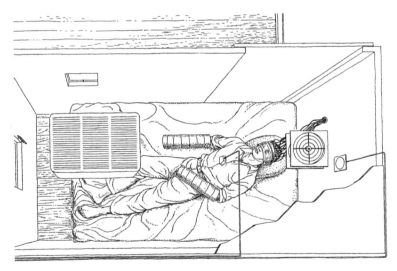

図3-1　知覚遮断の実験（Heron, 1957）

　被験者は視覚，聴覚，手指への皮膚感覚を制限された状態で1日のほとんどを過ごすのであった。すると，この状態に2, 3日以上耐えることのできた被験者はほんのわずかしかなかった。

で生じていた。つまり，感覚や知覚の働きが乱れてしまった。さらに，被験者たちは次第にいらいらするようになり，実験後の自己報告では，感情の起伏が激しくなり，子どもじみた振る舞いを示す自分自身に驚いたと述べる者もいた。つまり，情緒の乱れが生じた。行動面では，刺激を欲し，独り言をいい，歌ったり，詩を口ずさんだりする者もいた。このように，人は極度に単調な刺激環境に置かれることで感覚や知覚の働きが制限されてしまうと，精神活動に乱れが生じて健常に保つことが困難になってしまうのである。

　私たちは日常生活において常にさまざまな刺激にさらされているので，あまりに刺激が乏しいことにより精神活動が不安定となってしまうようなことはない。この実験は，感覚・知覚が働くことが，精神活動を健常に維持することや情緒の安定に寄与し，そして何よりも，人が知覚することへの強い動機づけをもっていることを示しているのである。

2.　知覚の恒常性

　私たちがかすかな刺激を感知したり，かすかな刺激変化に気づいたりすることができるのは，感覚器官に備わった受容器がもつ鋭敏な感覚機能のおかげである。ところが，受容器が受け取った情報を，そのあと何の修正も施さずに，そのまま知覚世界を構成する際に利用してしまうと，知覚世界は絶えず変化する不安定なものに仕上がってしまう。なぜなら，受容器に到達する刺激は時々刻々と変化しているからである。たとえば，いま皆さんはこのページのこの箇所を読んでいるのであろうが，そのときには目は動き，頭も少しは動いている。すると，それらの動きに伴い，この本の網膜像の形も大きさも変化する。ではいま，この本の形や大きさが変化しているものとして知覚しているであろうか。そうではあるまい。こうしてみると，感覚器官に到達した刺激が変化しても，知覚されたそれらは変わらず，安定を保っている。これが**知覚の恒常性**（perceptual constancy）とよばれる現象である。私たちの知覚世界は，受容器に到達した刺激によって一義的に規定されるわけで

はないのである。

1) 明るさ（白さ）の恒常性

　私たちは周囲にあるいろいろな物を見るときに，それらの明るさを感じる。物の明るさは客観的な明るさと主観的な明るさとに分けることができる。物の客観的な明るさとは，太陽や室内灯からの光のような照明光が物の表面に当たり網膜に届く光の強さであり，つまり反射光の強さである。反射光の強さは照明光の強さと物の反射率の積で定まる（反射光の強さ＝照明光の強さ×反射率）。物の主観的な明るさは，その反射光を網膜で受け取ったときに知覚される明るさである。では，物の知覚される明るさは，物からの反射光の強さによって決まるだろうか。

　図3-2には，机上の白い紙の明るさを知覚判断するときに，それを晴天下の窓際で見る場合と，日が陰り曇天下の窓際で見る場合とを示している。まず，これらの観察場面を客観的に記述してみよう。太陽光の下で白い紙（反射率を80%とする）を見るとき，太陽からの1万units（仮想の物理量）の光が

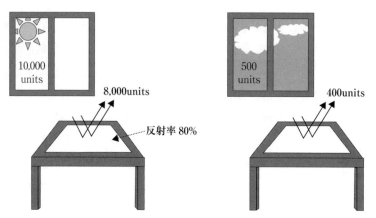

図3-2　窓から差し込む照明光（太陽光）の強さに応じた反射光の強さ

晴天下と曇天下で窓際の机上にある白い紙を観察するとき，その白紙面から目に届く反射光の強さを仮想的な数値で表している。すると，この図に示すように，照明光（太陽光）の強さが桁違いに異なれば，白紙面からの反射光も桁違いに違ってくる。だからといって，白い紙の明るさが違って見えるわけではない。私たちは晴天下でも曇天下でも白い紙はあくまで白い紙として知覚する。

紙面に当たり，そのうち 8000 units の反射光が網膜に到達する。曇天下で同じ白い紙を見るときは，500 units の太陽光のうち 400 units の反射光が網膜に到達する。つまり，これら 2 つの場面では照明光の強さの違いによって，網膜に到達する紙面からの反射光の強さは桁違いに異なる。では，これら 2 つの場面で机上にある白い紙の知覚される明るさは大きく変化するだろうか。もし反射光の強さによって白い紙の知覚される明るさが決まるのであれば，晴天下では白い紙に見えても，日が陰り曇天下になると灰色の紙に見えるはずなのだが，特殊な条件を除いて，普段はそのような体験をすることはない。実際は，白い紙は晴天下でも曇天下でも白い紙に見え，同じような明るさ（白さ）として知覚する。このように，照明光の強さが変化して網膜に到達する物からの反射光の強さが変わっても，その知覚される明るさは変化せず一定を保つという現象が，**明るさ（白さ）の恒常性**（brightness constancy）である。日常では，この明るさの恒常性によって，周囲にある物は，天気の移り変わりで明るく見えたり暗く見えたりと目まぐるしく変化することなく安定して見えるのである。

　それでは，なぜに，物体からの反射光の強さが違っても同じような明るさとして知覚判断するのだろうか。その理由を次に考えてみよう。同じ白い紙を見るときに，それが晴天下にあるか曇天下にあるかによって紙面からの反射光の強さは変化するが，知覚される明るさはほぼ同じに見えるので，これら 2 つの場面で恒常（一定）を保つ特性があれば，物の明るさの知覚判断には，この特性を利用していると考えられるだろう。

　もう一度，図 3-2 を見てみよう。これらの知覚判断の場面では，網膜に到達する光は白紙面からの反射光だけでなく，周囲にあるいろいろな事物（たとえば机面）からの反射光も網膜に到達している。そのため，晴天下から曇天下へのように照明光の強さが変われば，白紙面からだけでなく，机面（反射率 40% とする）からの反射光の強さも同様に変化する。すると，これらの場面で変化しない特性をひとつだけ指摘することができる。それは，この図でいえば白紙面からの反射光と机面からの反射光の強さの比，つまり輝度比である。晴天下のもとでも曇天下のもとでも，ともに 2 対 1 と等しい。し

たがって，晴天から曇天に変わり白紙面からの反射光の強さが変化しても，周囲にある対象（机面）との輝度比が一定に保たれていれば，私たちは，この輝度比一定の特性を利用して同じような明るさとして知覚判断し，明るさの恒常性が成立するのである。

　物の明るさを知覚判断するとき，注意を向けている対象はその物である。だからといって，明るさの知覚判断は注意を向けた物からの反射光だけを利用しているのではない。注意を向けていなくとも，周囲にある物からの反射光も加味して，物の明るさの知覚判断を下しているのである。つまり，私たちの知覚判断は総合的なのだということに気づいてみよう。

2）大きさの恒常性

　私たちは事物を見るとき，その大きさを知覚判断することがある。その判断のための手がかりのひとつは網膜像の大きさである。これは見ている事物の客観的な大きさに相当する。子どもが，テーブル上に置かれた大小2つのミカンを見比べて大きい方を選べるのは，この手がかりに基づいて大きさ判断を下しているからである。さて日常では，私たちは同じ事物をさまざまな距離から見ている。したがって，その網膜像の大きさは，目からの距離に応じて変化する。事物までの観察距離が2倍，3倍と長くなれば，それに伴い網膜像の大きさは1/2，1/3と反比例して小さくなる。もし大きさ知覚が網膜像の大きさだけによって決まるのであれば，見ている事物が目から遠ざかったり近づいたりすると，それにしたがって，その事物も小さくなったり大きくなったり変化して見えると予想される。この予想の当否は今すぐに試してみることができる。皆さんには，人差し指を間近で見て，それから，腕を伸ばしていきながらその指を見続けてもらいたい。そのとき，人差し指の網膜像は小さくなっていく。では，人差し指がだんだんと小さくなるような感じをもつだろうか。人差し指の大きさはまったく変化しないのが実際であろう。このように，対象の網膜像の大きさが変化しても，知覚される大きさは一定を保っている。これが**大きさの恒常性**（size constancy）である。大きさの知覚は網膜像の大きさだけによって決まるのではない。では，私たちは

何を手がかりにして，事物の大きさを判断し，大きさの恒常性が成立するのだろうか。

　ホルウェイとボーリング（Holway & Boring, 1941）の実験を見てみよう。この実験では，L字型の廊下の曲がり角に被験者を座らせ，一方の通路におかれたテスト刺激をいくつかの条件のもとで観察させた（図3-3A）。テスト刺激は円形のものを用い，被験者は，これを10フィートから120フィートまでのいろいろな距離から観察して大きさを判断した。この実験で大切なことは，どの距離からテスト刺激を見てもその網膜像の大きさは常に視角で1°となるように，直径の異なる円形刺激を配置したということであった。視覚を1°と一定にするとは，どのテスト刺激も網膜像の大きさは等しいことを意味する。知覚される大きさの測定には，被験者にもう一方の通路に置いた比較刺激（円形）を10フィートの距離から観察させ（図3-3A参照），テスト刺激とちょうど同じ大きさに見えるように，その比較刺激の大きさを調整させた。そして，そのときの大きさをテスト刺激の知覚された大きさの測定値とした。

　さて，網膜像の大きさだけに基づいて大きさ判断がなされるのであれば，どのテスト刺激も同じ値となるはずであるが，実験結果はそれとはまったく異なっていた。図3-3Bの両眼視条件と片眼視条件では，観察距離が長くなると，知覚される大きさは大きくなる過大視傾向を示し，その値はテスト刺激の客観的な大きさに近似していた。テスト刺激の網膜像の大きさがどれも皆等しくても違った大きさに見えるのであれば，被験者はこれらのテスト刺激のあいだで違っている条件を手がかりにして大きさの知覚判断をしているに違いない。では何を手がかりに利用していたのであろうか。図3-3Aを見れば分かるように，それはテスト刺激までの観察距離である。そこでこの実験では，テスト刺激までの距離判断を難しくする条件として観察者の目の前にある小穴（人工瞳孔）を通してテスト刺激を観察する人工瞳孔条件や，観察者からテスト刺激までの間にトンネルを設置し，人工瞳孔とそのトンネル越しにテスト刺激を観察する人工瞳孔＋還元トンネル条件を設けた。すると，これらの観察条件では，知覚される大きさは網膜像の大きさに依存する

A 実験状況：L字型の通路を利用して実験を行った

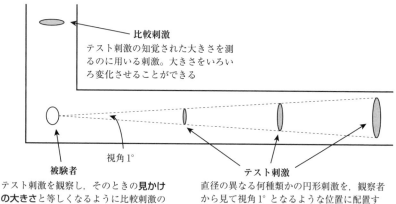

比較刺激
テスト刺激の知覚された大きさを測
るのに用いる刺激。大きさをいろい
ろ変化させることができる

視角1°

被験者
テスト刺激を観察し，そのときの**見かけ
の大きさ**と等しくなるように比較刺激の
大きさを調整する

テスト刺激
直径の異なる何種類かの円形刺激を，観察者
から見て視角1°となるような位置に配置す
る

B 実験結果

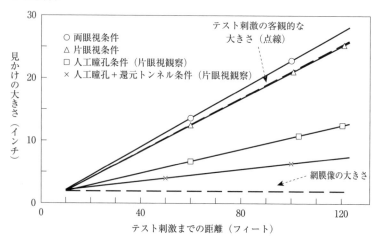

図3-3　大きさの恒常性の実験（Holway & Boring, 1941）

A 直径の異なるさまざまな円形刺激を，これらの網膜像の大きさが等しくなるように，被験者
からの距離を変えて提示する。被験者は網膜上に等しい大きさに映る円形刺激の大きさ判断を
もとめられる。観察条件は両眼視条件，片眼視条件，人工瞳孔条件，人工瞳孔＋還元トンネル
条件の4種類であった。人工瞳孔条件では，目の直前にある小さな穴（人工瞳孔）を通してテ
スト刺激を観察させた。人工瞳孔＋還元トンネルでは，人工瞳孔にくわえて，トンネルを通し
てテスト刺激を観察させた。
B 網膜像の大きさが等しくても，円形刺激が被験者から遠くなればなるほど大きく知覚される
（両眼視条件と片眼視条件）。しかし，円形刺激までの距離知覚が難しい観察条件では，円形刺
激の知覚された大きさは網膜像の大きさに近づいてくる（人工瞳孔条件と人工瞳孔＋還元トン
ネル条件）。

傾向が強かった。以上の結果は，私たちが対象の大きさを判断するとき，その対象の網膜像の大きさだけでなく，対象までの距離を手がかりにして判断していることを示している。したがって，対象が遠ざかれば，その網膜像の大きさは小さくなるものの，その分，過大視するために大きさの恒常性が成立するのである。大きさという二次元的な広がりの知覚と，距離という三次元の知覚は決して無関係ではないのである。

　図3-4Aを観察して，3人の男の大きさを見比べてみよう。おそらく3人は違った大きさに見えて，一番奥に立っている男の方が手前にいる男より大きく見えるだろう。しかし実際は，3人はまったく同じ大きさである。このように，遠近感を生じさせるような画法を使って，見かけの上での遠近感が生じただけでも，遠くにいると知覚された対象は近くにいると知覚された対象よりも，大きく知覚される。この事情は，図3-4Bを見れば，すぐに理解できるだろう。なぜなら，遠近感を生じさせる背景を消してしまえば，こんどは3人の男は等しい大きさに見えてしまうからである。

A   B

図3-4　大きさの錯視（AはメッツガーＡ，1968，Bはそれを改変）

　左のA図にある3人の男の大きさは客観的には等しい。しかし，背景が作り出す遠近感が影響してしまって，3人の男の大きさが違って見えてしまう。右端の人を，一番奥に立っている男として見てしまうと，それを大きく見てしまう。しかし，右のB図のように，遠近感を生じさせる背景を消してしまえば，3人の男はみな等しい大きさに見える。

3）いろいろな恒常性

　知覚の恒常性は明るさや大きさだけでなく，その他にもいろいろな次元で見られている。以下にそのいくつかを紹介してみよう。このページを正面から見れば，その形の網膜像は長方形であり，実際にそのように見える。そこで，今度は頭を少し動かして，このページを斜め方向から見ると，その網膜像は変形して台形となる。では，このページの形が変形して長方形から台形に歪んでしまったと知覚するだろうか。そうしたことはあるまい。網膜像の形が変形しても，あくまで長方形として知覚するであろう。このように，見ている対象の網膜像が変化してもその対象の形の知覚は比較的恒常を保っている。これは，**形の恒常性**（shape constancy）とよばれる。目や頭や身体を動かせば，目の前にある静止している対象の網膜像は移動する。しかし，だからといって私たちはそのように知覚することはせず，あくまでその対象は静止しているものとして知覚する。これは**位置の恒常性**（position constancy）とよばれる。

　恒常性は視覚だけでなく聴覚においても生じる。音の客観的な強さは音源からの距離によって変化するが，知覚された音の大きさは変化することはなく同じような大きさの音として聞こえ，比較的恒常を保つ。これは**音の恒常性**（loudness constancy）とよばれている。

3.　知覚的体制化

　19世紀の終わり頃の心理学では感覚と知覚は区別して理解されていた。感覚は知覚の基本的な要素であり，要素としての感覚が集まり，さらに必要であれば，記憶といった知識も加わって，見ているもの，聞いているものなど，普段経験する知覚が組み立てられている，と想定されていた。たとえてみれば，点描法（多数の小さな斑点を並べていく描画法）で描かれた風景を見ることが知覚であり，それを構成する1つひとつの色の斑点を見ることが感覚である。一方，別の考えがある。そもそも私たちが見ているのは何か。それ

は家であり，木であり，この本である。つまり全体的なパタンを見ているのであって，それを構成する何十種類の色や明るさの斑点のモザイク模様を見ているのではない。このような視点に立って知覚の働きをとらえようとしたのが，ゲシュタルト心理学の研究者たちである。本節では，彼らの立場からものや形を捉えるときの知覚の働きを考えてみる。

1）図と地の分化

　濃い霧が立ちこめた中にいるときや雲一つない晴天の青空を見上げたとき，そこに何が見えるだろうか。明るさや色の感覚はあるかもしれないが，「何かが見える」という気づきのような視覚体験は生じない。刺激閾を越える強さをもった光が確実に網膜に到達し視細胞を興奮させているにもかかわらず，何も見えないのである。視野全体が等質な光で満たされているこのような状態は**全体野**（Ganzfeld）あるいは等質視野とよばれるが，このときには「もの」や「形」の知覚は生じない。

　それまで等質な光で満たされていた視野の中に明るさの違いや色の違いのような異質な領域が現れると，視覚体験はどのように変化するであろうか。晴天の青空の中に白く輝く小さな領域が現れたようなときである。おそらく誰しも「あそこに何かが見える」といった視覚体験が生じ，「もの」の存在に気づくであろう。そして，よく目を凝らしてみると，飛行機だということになる。このように，視野の中で明るさや色の違いといった異質な部分が現れて，それを取り囲む領域と区別されることが「もの」や「形」の知覚のはじまりである。この「見える」という視覚体験の対象となる異質な領域のことをデンマークの心理学者ルビンは**図**（figure）とよび，それを取り囲む背景領域を**地**（ground）とよんだ。「もの」や「形」が知覚されるとは，視野内で「図」となる領域を「地」となる領域から分化することにほかならない。

　図3-5を観察してみると，図と地の分化がものや形の知覚の始まりであることを体験できる。この図は**ルビンの盃**（Rubin's goblet-profile）とよばれる図と地の**反転図形**（reversible figure）であるが，白の領域が図となれば盃の形が黒の背景の上に浮き出て見えてくる。そうかと思うと，今度は黒の領域が

図3-5　図—地反転図形（Rubin, 1921/
　　　　2001）

この図をしばらく見ていると，黒い領域が図
となって向かい合う2人の横顔が見えたかと
思うと，こんどは白い領域が図となって盃と
して見え，こうした2つの見え方が交替する
様子を体験できるであろう。

図となり向かい合う2人の横顔の形が前面に浮き出て見えてくる。しばらく
この図を観察していると，こうした2通りの見え方が交互に入れ替わる。と
いうことは，黒領域と白領域のいずれも「図」となる性質を備えていても，
私たちはこれら両方を同時に「図」として見ることはできない。一方の領域
が「図」として知覚されはじめると，そのとたんに他方は「地」となり形の
印象が意識から消えてしまう。

2）群化の要因

　日常では，先に見たような，たった1つの図となる領域を目にすることは
まれである。目を開ければ網膜上には数多くの図が映じ，さらにそれらが集
まって一層大きな図を作る。では，こうした多数の図を私たちが目にすると
き，知覚はいかに働くであろうか。

　図3-6Aは，2つの円が交差しているように見える。この図には，図3-

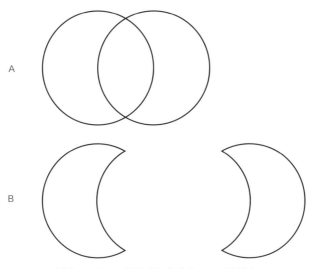

図3-6　2つの円かそれとも2つの三日月か

A この図を見れば誰でも2つの円が交差しているように見えるであろう。
B 上記Aの図を2つの三日月が合わさったものとして見るだろうか。

6Bに示した2つの三日月形の図形を形作る輪郭線が紙面上に間違いなく描かれているはずなのに，それらが合わさったように見ることはない。考えてみれば，網膜上に映った像は多義的であって，図3-6Aは2つの三日月形が合わさっているような見え方でも，1つの三日月形と1つの円と1本の円弧が合わさっているような見え方でも，さらには，4本の円弧が合わさっているような見え方でも，可能性をあげれば数多くの見え方があるだろう。さらに，このような単純な線図形の知覚から日常場面の知覚にまで広げていくと問題はもっと複雑になる。周囲を見渡せば，数多くの刺激，あるいは図となる領域に満ち溢れている。これだけ多くの刺激（図）があれば，その見え方はいったい幾通りになるのであろうか。しかし，誰もが図3-6Aの図形を2つの円が交差していると自然に見るように，私たちが窓から見るものは，いつも空と家と樹木なのであり，見るたびごとに恣意的に変化するようなことはない。そうであるならば，そのように知覚させてしまう働きを知覚過程に求めねばならない。どうやら知覚には，無数にある見方のうち，ある特定

の見方を採択させてしまうような法則が働いているようである。

　視野内にある多くの対象の知覚を支配する法則はどのようなものであろうか。20世紀初頭，ゲシュタルト心理学者ウェルトハイマーは，多くの点や線などから作られた刺激を観察するときに，それらがどのようにまとまって見えるのか，そのまとまり方を規定する要因，つまり**知覚的体制化**（perceptual organization）の諸法則を指摘した（Wertheimer, 1923/2001）。いわゆる**群化の要因**（factors of grouping），**ゲシュタルト要因**（Gestalt factors）などとよばれるものがそれである。図3-7A〜Fには，おもな要因を示している。

　（1）　**近接の要因**（factor of proximity）

　図3-7Aのaとbには，いずれも10個の黒い点が適当な間隔で一列に並んでいる。いずれも同数の黒点からなり知覚的要素は同じである。しかしこれらの見え方は異なる。aと比べてbでは，2個ずつにまとまった5つのグループを知覚するはずである。つまり，空間的に近いもの同士は1つにまとまりやすいのである。

　（2）　**類同の要因**（factor of similarity）

　図3-7Bのaでは丸の列と四角の列を，bでは黒丸の列と灰色の丸の列を，それぞれ知覚するだろう。つまり，形や明るさなど類似したもの同士は1つのまとまりを作りやすいのである。

　（3）　**よい連続の要因**（factor of good continuation）

　図3-7Cの図を見て紙面上に描き写していただきたい。aとbを結ぶ曲線とcとdを結ぶ曲線とが交差し十字形となっているように知覚し，そのようにしてこの図を描いたことであろう。aから交点で大きく折れ曲がってcへと続く曲線と，bから交点で折れ曲がってdへと続く曲線とが合わさった図として見たり，4本の曲線が交点で集まっているように見たりすることはないだろう。つまり，滑らかな連続をなすもの同士がまとまりを作るのである。

　（4）　**閉合の要因**（factor of closure）

　図3-7Dのaは近接の要因が働き，たとえば，2と3の線分，4と5の線分がそれぞれまとまって見える。1と2の線分，3と4の線分，5と6の線

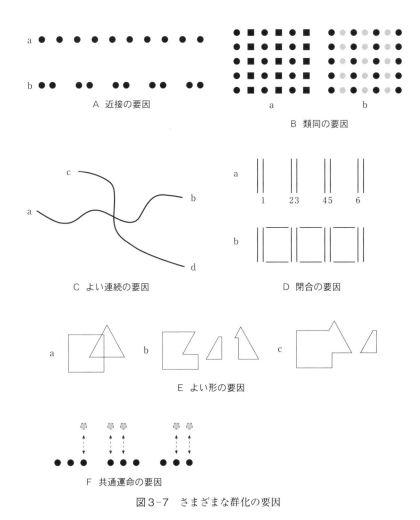

図3-7 さまざまな群化の要因

分のそれぞれがまとまるような見え方はしないであろう。しかし，b を見る
と，これらの線分とあいだにある上下の横線の4本がまとまり，3つの長方
形を知覚する。つまり，閉じた領域を作るもの同士がまとまって知覚されや
すいのである。

(5) **よい形の要因**（factor of good form）

図3-7E の a は三角形と正方形が一部重なっているように知覚するはずで

ある。そのように見えるからには閉合の要因が働いているはずであるが，すると，bのように3つの部分に分かれて見えてもおかしくない。しかし，そのようには見えない。ましてやcのように2つの図形が合わさったとは見えないであろう。すると，別の要因がaの図の見え方に影響していると考えられる。それがよい形の要因である。つまり，単純で規則的で対称を形成するものがまとまりやすいのである。

(6) 共通運命の要因 (factor of common fate)

見ている対象の運動もまとまりを作り出す要因になる。図3-7Fの黒点の列を見ると，近接の要因によって3つの黒点が1つにまとまり，3つのグループに見える。しかし，矢印の付された5つの黒点が一緒に同じ速度で上下に往復運動をはじめると，これら動いている黒点が1つにまとまって見えてくる。つまり，複数のものが同じ方向，同じ速度で一緒に動くことから，運命をともにするもの同士はまとまりやすいのである。

3) 主観的輪郭

図3-8のAを見れば多角形の印象が，Dの場合は円の印象がそれぞれ得られるだろう。人によっては多角形や円の上に黒点があると報告するかもしれない。このような形の印象が得られるのは，近接の要因や閉合の要因などの群化の要因が働いてこれらの黒点がまとまり，黒点と黒点とを橋渡しする線を補っているからなのであろう（メッツガー，1968）。しかし，その輪郭を明瞭に見ることはない。なぜなら，輪郭は描かれていないからである。客観的に存在するものだけが見え，客観的に存在しないものは見えないと考えるのが常識であろうが，次の図3-9を観察してみると，実際はそれほど単純ではなさそうである。

この図を観察してみると，白い三角形が見えるはずである。とりわけ印象的なことは，この三角形を形作る輪郭が明瞭に知覚されることである。しかし，この輪郭は紙面上には描かれていない。客観的な輪郭が存在しないのに白い三角形の輪郭を知覚できるということは，この輪郭は見かけ上のものということになる。これが**主観的輪郭**（subjective contour）とよばれる現象であ

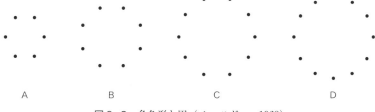

図3-8　多角形と円（メッツガー，1968）

Aは多角形，Dは円の印象が得られるだろう。では，その間にあるBとCを見たときの印
象は多角形か，それとも円か？

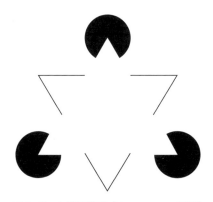

図3-9　主観的輪郭（カニッツァ，1985）

現象的には，3つの黒い円と倒立した黒線の
三角形の上を白い三角形が覆っているように
見えるだろう。

る。

　この図形の考案者であるカニッツァによると，主観的輪郭が観察される条
件は視野の中に何か不完全な部分があり，それらが完結化されることによっ
て，より単純で安定し規則的な図形になることであるという（カニッツァ，
1985）。つまり，この図には3つの切り込みのある黒い不完全な円と3つの
折れ線が描かれているが，中央に三角形の知覚を生じさせれば，切り込みの
ある不完全な円は完全な円として，3つの折れ線はまとめて1つの三角形と
して知覚的に解釈できる。こうして，この図全体は，3つの黒円と1つの三
角形の上を白い三角形が部分的に覆っているというように単純かつ安定した

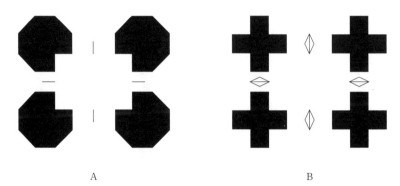

図3-10　主観的輪郭の発生と消失（Kanizsa, 1979 より）

Aに見るように，視野内に一部欠けた八角形や途中で切れた短い黒線のような図形があれ
ば白い四角形を知覚する。しかし，それぞれの刺激図形を，Bのように，黒の十字形や対
角線のあるひし形のようなそれ自体で完結化された刺激図形に置き換えてしまうと，Aで
見えていた白い四角形を知覚することはない。

図としてまとまるのである。このような事情は図3-10AとBの2つの図形
を見比べてみると一層明白となる。視野の中に完結化を必要とする不完全な
部分の存在が主観的輪郭の発生に関係しているのであれば，そのような部分
がなければ，主観的輪郭は発生しないと予想できる。図3-10Aを見れば，
不完全な黒い八角形や途中で切れた短い黒線の存在によって主観的輪郭が生
じて明瞭な白い四角形を知覚できる。つまり，知覚的にはこの図は4つの八
角形と黒線の十字形の上を白い四角形が覆っていると解釈される。しかし，
Bの図のように，黒の十字形や対角線のあるひし形という，不完全さがない
刺激に置き換わると，もはや完結化を必要とする部分はなくなり，Aの図
で明瞭に見えていた主観的輪郭は消失してしまう。

　このように，対象の見え方は，実際に存在するものだけによって決まると
は限らない。客観的には存在しなくても，何かを知覚することで視野内のい
ろいろな対象が単純で安定した仕方でまとまるのであれば，私たちは，客観
的には存在しないその何かを知覚するのである。

4）運動とまとまり

　視野内にあるいくつかの対象をまとめて知覚する傾向は，紙面上に静止した対象の間だけで生じるとは限らない。複数の運動する対象の間にもまとまりの知覚が生じる。図 3-11 の A と B は，1 つの光点が左から右へ動く軌跡を点線で表している。A は直進運動の軌跡，B はサイクロイドとよばれる曲線の軌跡である。これら 2 つが単独で動く様子を観察すれば，それぞれの軌跡，つまり客観的な動きと同じ運動を知覚する。では，C のように 2 つの光点が一緒に動く様子を観察すると，どのような動き方を知覚するだろうか。それは D のように，これら 2 つの光点は，ばらばらに別個な運動として知

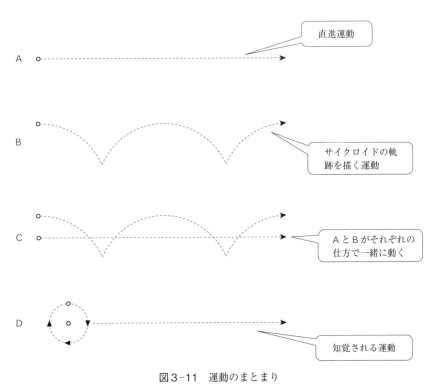

図 3-11　運動のまとまり

直進運動する光点（A）とサイクロイドの軌跡を描いて動く光点（B）とが一緒になって C のようにして動く様子を観察すると，D のように，直進運動する光点を他方の光点が周回し，それらが一体となって右方向へ動く様子が知覚される。

A　　　　　B　　　　　C　　　　　D　実際の見え方

図3-12　仮現運動

ごく短い時間の間に，1本の白い線分が継時的に，その位置を変えて提示される。このような様子を観察すると，私たちは，1本の白い線分が左から右に向かって素早く動いたと知覚する。この白い線分は客観的にはそれぞれの提示位置でほんのわずかな時間だけ現れただけなのであるから，この知覚された運動は見かけ上のことになる。これが仮現運動である。

覚されるのではなく，直進運動する光点の周りをもう一方の光点が周回し，そしてそれらが一体となって右方向へ動くように，2つの光点がまとまって知覚され，単独では見えていたサイクロイドの運動の印象は消えてしまう。

　上述の例は，運動する対象の間にもまとまりの知覚が生じることを示すものであったが，面白いことに，客観的には静止している2つの対象がひとつにまとまってしまうと，私たちは新たに動きを知覚してしまう。図3-12はその様子を示している。Aでは縦の線分がほんの一瞬提示され，Bのブランクを経て，Cに示すように，少し離れた箇所に縦の線分がほんの一瞬提示される。客観的には2つの線分が位置を変えて交互に点滅するに過ぎないが，これら2つを適当な速さで提示すると，Dに示すように，2本の線分が1つにまとまり，そしてあらたに運動の印象が加わって，1本の線分が左から右へと動いているように知覚する。さらに，A～Cまでを何度も繰り返すと，1本の線分が左右に往復運動しているように知覚する。つまり，私たちは部分（図3-12では左右の線分）の総和以上のものを見ているのである。このような見かけの運動は，**仮現運動**（apparent movement）とよばれる。仮現運動は日常よく目にする現象である。誰でも，踏切の警報器にある2つの赤色灯が交互に点滅する様子を見ると，1つの赤い光が動いているように見えるであろう。テレビ，映画などの映像中の動きの表現はこの仮現運動に基づいてい

る。ゲシュタルト心理学の出発はこの仮現運動の観察からであった，といわれている。

4. 奥行きの知覚

　私たちは，左右に上下に，そして前後の奥行き方向に広がる三次元の環境世界の中で生活している。そして，私たちが見ている視覚世界も同じく三次元である。一見何でもない事実と思われるかもしれないが，ここには心理学的な大きな問題が含まれている。なぜなら，網膜上に映る環境世界は奥行き次元をもたない二次元だからである。それならば，私たちは何らかの手がかりを利用し，網膜上では失った奥行き次元を復活させて，三次元の視覚世界を作り出しているに違いない。この節ではいろいろな奥行知覚の手がかりを取り上げていく。

1）調節と輻輳
　本来，二次元である網膜像は奥行きを直接教えてくれる情報を含んでいない。そうであるならば，奥行きの知覚の手がかりは網膜像以外に求めねばならない，と古い時代の研究者は考えた（バークリ，1990）。調節と輻輳がそれである。見ようとする対象にピントを合わせて鮮明な網膜像を得るには，その対象までの距離に応じて水晶体のふくらみ具合を変えなければならない。そのとき，毛様体筋という筋肉を**調節**（accommodation）する。図3-13に示すように，近いところにあるものを見るときには毛様体筋を緊張させて水晶体を厚くし，遠いところにあるものを見るときには，毛様体筋を弛緩させて水晶体を薄くする。このように，調節は対象までの距離と関係するため，奥行き知覚の手がかりの1つと考えられている。ただし実際には，調節だけによる距離の把握はかなり困難らしい。
　私たちはものを見るとき，それを両眼の中心窩でとらえようとする。すると，図3-14Aに示すように対象が目の前にあれば，左右の眼球を内側に回

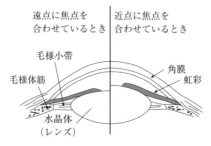

遠点に焦点を　　近点に焦点を
合わせているとき　合わせているとき

毛様小帯
毛様体筋
角膜
虹彩
水晶体
（レンズ）

図3-13　対象までの距離と水晶体の調節（大山，1999を一部改変）

　目から離れたところにある対象に焦点を合わせるときには水晶体は薄く
なり，目から近いところにある対象に焦点を合わせるときには水晶体は
厚くなる。この水晶体の厚さを変える役割を担っているのが毛様体筋で
ある。この調節の機構について，おおまかには，毛様体筋が弛緩してい
る状態では毛様小帯が引っ張られて水晶体は薄くなっているが，毛様体
筋が緊張して収縮すると毛様小帯は緩んで，水晶体は厚くなる。

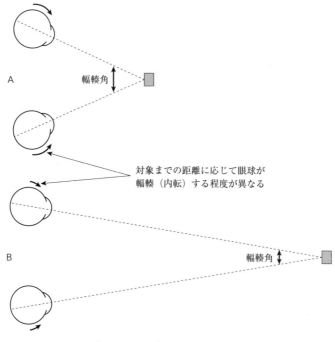

A　　　輻輳角

対象までの距離に応じて眼球が
輻輳（内転）する程度が異なる

B　　　　　　　　　　　　　　　　　　輻輳角

図3-14　対象までの距離と輻輳

　ある対象を見るときには，左右の目をそれに向けて中心窩でとらえようとする。
A　対象が目の近くにあるときには左右の眼球を大きく内転させねばならない。B
目より離れたところに対象があれば，左右の眼球を内転させる程度は小さくなる。

転運動させねばならない（寄り目になる）。一方，図3-14Bのようにその対象がやや遠方にあれば，両眼が内転する程度はわずかとなる。この両眼の回転運動が**輻輳**（convergence）である。また，両眼の視線が見ている対象のところで交わることによってできる角度は**輻輳角**（convergence angle）とよばれる。つまり，輻輳や輻輳角は対象までの距離に応じて変化するのである。輻輳は眼球の外側にある外眼筋（動眼筋）の緊張によって生じるが，その緊張の度合いが奥行き知覚の手がかりと考えられている。ただし，輻輳が奥行き知覚のための手がかりとして働くのは，対象までの距離が20フィート（約6 m）程度のせまい距離範囲内に限られる。なぜなら，対象が遠くなるほど，左右の視線は平行に近づき（輻輳角が小さくなる），輻輳が生じる程度がわずかになってしまうからである。

2）両眼視差

大人では，両眼は左右に6 cm程度離れている。このため，ある対象を見るときには輻輳が生じ，その対象へ向かう左右の視線方向に差が生じてくる。これが**両眼視差**（binocular parallax）である。では，両眼視差があるとどのような見え方をするであろうか。たとえば，2つの対象を見るとき，それらが目から等距離に位置している場合（図3-15A）と，異なる距離に位置している場合（図3-15B）とを取り上げてみよう。前者の場合，左右の目に映る網膜像は同じであるが，後者のように2つの対象の距離が異なると，左右の網膜像に若干のズレが生じ，それらの網膜像は異なってくる（**両眼像差**（binocular disparity）とよばれる）。この網膜像のズレが奥行きを知覚する手がかりとなる。

両眼視差があれば左目と右目の網膜像にズレが生じ，これが奥行き知覚の手がかりとなるならば，多少ズレのある2つの写真や刺激図形を左目と右目に別々に提示すれば，たとえ眺めている対象が紙の上に描かれたものであっても，そこに立体感が生じると期待できる。なぜなら，立体的な事物や実際の風景を眺めているときと同じ事態が，そのズレのある2つの平面画像を見ているときに生じているからである。図3-16は，そのような図の一例を示

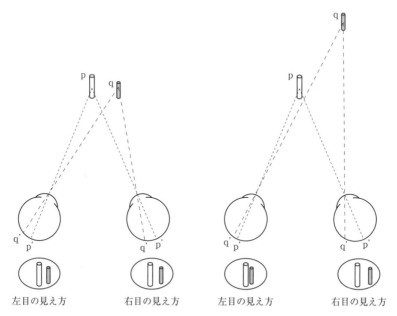

左目の見え方 　　　　右目の見え方 　　　　左目の見え方 　　　　右目の見え方

Ａ ｐとｑが等距離にあるとき 　　　　Ｂ ｐとｑが異なる距離にあるとき

図3-15　両眼視差とその見え方

Ａ 2つの対象ｐ，ｑが両眼から等距離にあれば両眼視差は生じず左右の網膜像は同じとなる。
Ｂ これら2つの対象が異なる距離に置かれると左右の網膜像にずれが生じる。

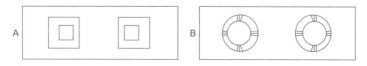

図3-16　ステレオ・グラムの例（松田，1995）

各図とも，左側の図は左目で，右側の図は右目で眺めると，リアルな立体感を得る
ことができる。ステレオスコープを使えば容易にこの立体視を得られるが，それを
使わなくとも立体視は可能である。挑戦してみてほしい。

している。よく見るとわかるように，Ａの図では小さな正方形の位置が左
右の図形の間で異なっている。これが両眼視差（あるいは両眼像差）に相当す
るズレである。この2つ一組の図形は**ステレオグラム**（stereogram）とよば
れるが，これを**ステレオスコープ**（実体鏡：stereoscope）という器具（図3-17）

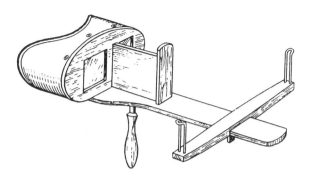

図 3-17　ステレオ・スコープ（Dember & Warm, 1979）

図 3-18　ランダム・ドット・ステレオグラム（Goldstein, 2002）

を使って，左側の図形は左目で右側の図形は右目で観察してみると，2つの図が融合して1つに見え，小さい方の正方形が手前に浮き出て見えるのである。なお，この両眼視差の手がかりは，3Dテレビや3D映画の原理に利用されている。

　図 3-18 に示す黒いドットが多数散らばっている2つ一組の画像には両眼視差に相当するズレが含まれている。この図は**ランダム・ドット・ステレオグラム**（random-dot stereogram）とよばれているが，これを普通に見る限り，誰も左右の画像の間でズレがあることには気づかず，白と黒の模様にしか見えない。ところが，この図を，ステレオスコープを使って両目で観察してみると，黒のドット模様の中央部に四角形が現れ，しかもそれが奥に引っ込ん

で見えるのである。このように，両眼視差に相当するズレを左右の画像の中に含ませておけば，たとえそのズレに気づかなくても，視覚系はそれを検出して立体感を作り出してしまうのである。

3) 運動視差

　図3-19の写真は，右から左へ向かって移動しながら風景を眺めているときの様子を示している，と考えていただきたい。写真中央Aのあたりを注視し続けながら移動すると，それより遠くにある事物とそれより近くにある事物の見え方は異なってくる。網膜上では，注視点より手前にある事物（電柱）は，自分の移動方向とは反対方向に時々刻々と相対的位置を変えていき，一方，それより遠方にある事物（鉄塔）は，移動方向と同じ方向で時々刻々と相対的位置を変えていく。また，これらの移動速度は，注視点から奥や手前へと離れればその分大きくなる。写真下部の電柱は目の前をさっと通り過

図3-19　運動視差

写真中Aのあたりを見ながら左方向へ移動すれば，それより遠くにあるもの（鉄塔）は移動方向と同じ左方向へ，それより近くにあるもの（電柱）は移動方向と反対の右方向へ，それぞれ相対的位置を変えていく。普段の生活では，こうしたことを特別に意識することは少ないと思うが，皆さんも，運動視差の見え方を実際に観察してみていただきたい。

図 3-20　走行中の自動車のフロント・グラス越しに見える風景

街路樹の位置変化を模式的に表してみると，白の矢印のように，遠方で
は中心位置にわずかな動きしか感じられないものの，近づいてくるにつ
れて，次第に周辺位置へ，しかも素早く移動するように見える。

ぎるのである。このように，いろいろな距離にある事物の位置は動きととも
に一定の方向へ規則的な仕方で変化して見える。これが**運動視差**（motion
parallax）である。私たちは，こうした運動視差を手がかりにして，対象相互
の遠近を判断している。

　私たちが前進しているときに，正面の景色はどのように変化して見えるだ
ろうか。このような場合においても運動視差が生じるのはいうまでもない。
図 3-20 に示すように，たとえば，道路に沿って並んでいる街路樹は，遠方
にあれば視野の中心に位置し，その位置変化もわずかであるが，前進移動に
よってそれが次第に近づいてくるにつれて，街路樹は中心から周辺へと位置
を変え，しかもその移動速度も次第に速くなっていく。

4）絵画的手がかり

　図 3-21 の写真を見れば奥行き感を得ることができ，また，そこに映って
いる人や事物の前後関係なども判断できるだろう。すぐに気づくように，こ

図3-21　絵画的手がかりによる奥行き知覚

A 線遠近法（線状透視）の手がかり：奥行き方向に延びる壁を見ると，一点に収斂するように見える。

B 網膜像の相対的大きさ手がかり：手前にいる人物の方が遠くにいる人物より大きく見える。

C 重なり合いの手がかり：手前にある樹木は奥にある樹木を部分的に隠してしまう。

D きめの密度勾配手がかり：壁面を流れ落ちる水の筋は，手前であれば筋がはっきりと確認できるが，遠くなるにしたがって筋と筋の間隔が狭まり，はっきりと水の筋を見ることはできなくなってくる。

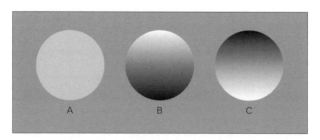

図3-22　陰影の手がかり

Aの灰色の円は平面に見えるが，これに陰影をつけてみるとB図は手前に膨らんだ凸として，C図はへこんだ凹として見えるであろう。この本を上下逆さまにしてこの図を見れば，今度はBとCの見え方が逆転する。

の風景の撮影者の網膜上にも，これと同じ像が映じている。したがって，網膜像の中には奥行き知覚のいろいろな手がかりを含んでいるのである。この種の奥行き手がかりは**絵画的手がかり**（pictorial cue）と総称される。

　図3-21にある石畳や壁は，客観的には遠方へ延びる平行線であるが，平面上（網膜上）に映じると平行線ではなく一点に収斂して見える。これが**線遠近法**（線状透視：linear perspective）とよばれる奥行き手がかりである。この写真にはそのほかにもいろいろな絵画的手がかりが含まれている。写っている人物の大小関係から遠近感を得るであろう。つまり，**網膜像の相対的大きさ**（relative size）は奥行き知覚の手がかりとなる。また，一列に並んだ樹木が重なっている様子が観察されるが，こうした**重なり合い**（interposition）もまた，奥行きを知覚させる手がかりとなる。

　立体的な物体に光があたれば影が生じ，また，その立体物の表面でも光が当たる明領域と光があたらない暗領域が生じる。こうした**陰影**（light and shade）も物体の立体感を得る手がかりとなる。図3-22のAでは灰色の円に見えるが，BとCのように陰影をつけると，これらは凸と凹の球面にそ

図3-23　大気遠近法の手がかり

遠方まで続く山並みを眺めると，近いところの景色は色合いや明暗の違いも明瞭で，木々を鮮明に見ることができるが，遠方の景色は色あせて明暗の違いも不明瞭となりかすんで見える。

れぞれ見えるだろう。なお，このページを逆さまにしてみると，この図のBとCは，それぞれ凹と凸に見え，先ほどとは見え方が反対になる。

　図3-23のような遠方にまで広がる景色を眺めたとき，近くにあるいろいろな対象は鮮明に明暗もはっきりと見えるが，遠方にある対象はぼんやりと明暗の違いもわずかで霞んでいるように見える。このような見え方の違いも奥行き知覚の手がかりとなる。これは**大気遠近法**（大気透視：aerial perspective）とよばれる。

　私たちが眼前に広がる光景を眺めるとき，網膜上には奥行き方向に延びる面が投影される。戸外にあっては地面であり，室内にあっては床面，壁面，天井面である。そして，日常目にするそうした面はきめ（テクスチャー）をもつ。たとえば，地面にあっては敷石や散らばっている砂利であり，フローリングの床であれば木目のような模様である。このような面が網膜上に投影されると，きめの密度は手前から奥に向かって粗から密へと連続的に変化し，

図3-24　日常で観察されるきめの密度勾配手がかりの例

客観的には，通路の板張りは等間隔に並んでおり，落ち葉は均等に散らばっているが，その様子が網膜上に映じれば，手前から奥に向かって，板張りの間隔や落ち葉の散らばり具合は粗から密へと連続的に変化する。

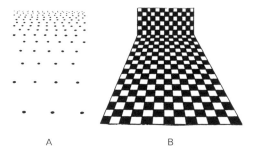

A   B

図 3-25　幾何模様を使ったきめの密度勾配手がかり
（松田，1995 より一部抜粋）

きめの密度勾配手がかりを含ませて幾何学模様を紙面上に描
いてみると，こうしていま見ているものが平面であっても，
そこに奥行き感を知覚してしまう。

勾配をもったパタンを形成する。すると私たちは，この変化を手がかりにし
て，奥行き感を得るのである。ギブソンは，この種の手がかりを**きめの密度
勾配**（gradient of texture density）とよんだ。図 3-24 では，奥行き方向に延び
る通路の板張りや落葉の密度が写真上では下から上にかけて粗から密へと
徐々に変化しているが，それを見る私たちは，手前から奥へという奥行き感
を知覚するだろう。さらに図 3-21 の壁面を流れ落ちる数多くの水の筋の見
え方も上の場合と同様であろう。これらの様子を幾何学的に示しているのが
図 3-25 であるが，やはり奥行き感を知覚する。

4章

学　習

1.　心理学における「学習」とは

「学習」というと，多くの人は机に向かって勉強するところを思い浮かべるだろう。確かに机に向かって勉強するということも，心理学における「学習」のパタンの1つであることに違いはない。しかし，心理学における「学習」という用語は，もっと広い意味で使われている。机に向かって勉強する場合に限らず，日常生活におけるさまざまな場面に「学習」は関わっているのである。「学習」は私たちの日常生活にとても身近な問題なのである。

　図4-1をご覧いただこう。図4-1には日常生活の中で見られる学習の例

図4-1　日常生活におけるさまざまな学習

私たちの日常生活の中ではさまざまな活動が学習と密接に関わっている。
心理学における学習が必ずしも「勉強する」ことだけをさしているわけ
ではないことがわかるだろう。

をあげた。たとえば楽器を演奏するという場面を例に説明しよう。はじめて
トランペットを手にした人が最初から美しい音色で上手に演奏できるという
ことは、まずない。最初は音を出すことすら簡単にはできないであろう。と
ころが、日々、練習を繰り返すことによって、その人は徐々にトランペット
を上手に吹くことができるようになっていく。このように経験によって行動
が変化したとき、心理学では「学習した」とみなすのである。厳密には、学
習は『**経験や練習によって生じる比較的永続的な行動の変容**』と定義される。

2. 単純な学習

1）馴化と脱馴化

　学習にもさまざまなタイプがあるが、その中でもっとも単純なタイプの学
習の１つが**馴化**（habituation）である。馴化とは、ある刺激が繰り返し提示さ
れることにより、その刺激に対する反応が徐々に弱くなり、ついには消失す
ることをいう。アメフラシという海辺に生息する軟体動物を用いた実験を例
に説明しよう。アメフラシには水管という器官がある（図4-2 A 参照）。普段
はそこから海水を取り込み、エラ呼吸をしているそうだ。その水管に触刺激
を与えると、エラを縮めて体の中に引き込む。図4-2 B に実験の様子を示
した。水噴射機から一定の水圧で水管に向かって水を噴射する。つまり、こ
れが触刺激だ。そのような触刺激に対してエラが引き込み反応を示すが、ど
の程度の引き込み反応があったのかをフォトセルを利用して測定することが
できる。

　水管にはじめて触刺激を与えると、エラは大きな引き込み反応を示す。し
ばらくして、エラがもとの状態に戻った後で再び触刺激を与える。このよう
な操作を繰り返すと、エラの引き込み反応は徐々に小さくなる。この過程が
馴化である（図4-2 C1の前半、触刺激に対する反応が小さくなっていくことがわかる）。

　馴化が生じるためには、いま与えられた触刺激が、その前に与えられた触
刺激とまったく同じであることがわかっていなければならない。つまり、以

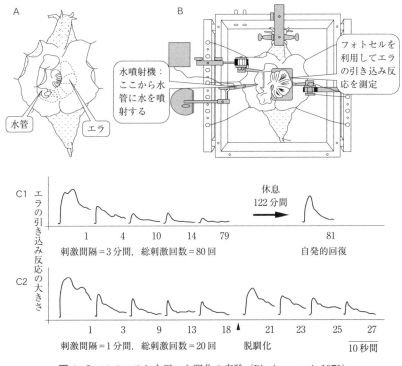

図4-2　アメフラシを用いた馴化の実験（Pinsker, et al., 1970）

A アメフラシを真上からみたところを示した図。B アメフラシを固定し実験を行っている様子。水噴射機から水を噴射し水管を刺激すると，エラを引き込む。C1 水管を刺激した際のエラの引き込み反応の大きさを示した。80回の刺激を終えた後に，122分間の休息をおき，再び水管を刺激したところ，エラの引き込み反応が再び回復した。これが自発的回復である。C2 C1と同じく水管を繰り返し20回刺激した。その後，別の部位にもっと強い刺激を与えた（▲）ところ，エラの引き込み反応が回復した。これが脱馴化である。

前に与えられた刺激を正しく記憶していなければ馴化という現象は起こらない。もし，アメフラシに馴化が起こったとするならば，このことは，アメフラシに記憶能力がそなわっていることを証明していることになる。

　さて，馴化が起こり，エラの引き込み反応が十分に小さくなった後で，しばらく休息を入れる。その後，再び同じ触刺激を与えると，馴化によって小さくなったはずのエラの引き込み反応が再び回復することがある。このような現象を**自発的回復**（spontaneous recovery）という（図4-2C1の休息のあと）。

また，馴化が完成したあとで，今度はこれまでとは異なる刺激を与える。たとえば，水噴射機から噴射される水の水圧を高めて，より強い刺激を与える。すると，馴化によって小さくなったエラの引き込み反応が，再び大きくなる。これを**脱馴化**（dishabituation）という。脱馴化が引き起こされるということは，アメフラシが水噴射機の水圧（あるいは刺激の強さ）が変化したことを知覚したことを示している。すなわち，アメフラシに弁別能力がそなわっていることを証明しているといえる。それと同時に，馴化という現象が単に感覚器官やエラの疲労によって生じる現象ではないことも示している。

　馴化や脱馴化を利用して，生後間もない乳児の心理的機能を明らかにするための研究が行われることがある。たとえば，乳児の眼前に縦縞模様の刺激（刺激A）を一定時間提示する。そのとき，乳児が刺激Aを注視した時間を測定する。刺激Aを繰り返し提示すると，刺激Aに対する乳児の注視時間は徐々に減少する（馴化）。そこで，刺激Aとは異なる別の刺激，たとえば横縞模様の刺激（刺激B）を，刺激Aを提示したときと同じ方法により乳児の眼前に提示する。このとき，乳児が再び注視を行った場合（脱馴化），刺激Aと刺激Bとを何らかの点で異なる刺激として乳児が受容したことを証明している。このような実験方法を**馴化－脱馴化パラダイム**（habituation-dishabituation paradigm）という。

2）鋭　敏　化

　馴化の場合と同じように，同じ刺激が繰り返し与えられるのであるが，その刺激が有害な刺激であったり，恐怖を引き起こすような刺激である場合には，馴化とは対照的な結果が生じる場合がある。たとえば，比較的大きな地震を経験したとしよう。そして，その後も何度か同じ規模の余震があったとする。つまり，同じような刺激が反復されるという意味では，馴化の手続きと類似している。ところが，大きな地震が繰り返し起こると，人々は地震の発生に慣れてしまい，いくら大きな地震が起こっても平気になってしまうだろうか。つまり，馴化するだろうか。実際には，それとは逆で，人々は地震に対して過敏に反応するようになるのである。このように，ある刺激が繰り

返し提示されることにより，その刺激に対する反応が強まることを**鋭敏化**（sensitization）という。

3. 初　期　学　習

　学習にはさまざまなタイプがあるが，中でも個体が誕生してから一定の限られた期間にのみ可能なタイプの学習がある。そのような学習のことを**初期学習**（early learning）という（第8章では初期経験として紹介されているが，同じ事象をさす）。

　初期学習の代表的な例の1つは，比較行動学者のロレンツによるヒナの**刷り込み**（imprinting）の研究である。ロレンツは卵からハイイロガンのヒナがかえる瞬間を見るため，孵卵器に卵を入れて，その様子を観察した。誕生したヒナの様子をひとしきり観察した後，それらのヒナの世話をメスのガチョウにまかせようとしたところ，ヒナたちは一目散にロレンツをめがけて駆け寄ってきた。その後，ヒナたちはロレンツがどこへ行くにも彼のあとを追いかけるようになった。ロレンツはこのような刷り込みを，次のような理由から一般の学習と区別した。すなわち，刷り込みは生涯の中で限られた時期にしか起こらないということ，そして，一度，刷り込まれたならば，そのことは容易に変更することができず，生涯にわたって影響を与え続けるということである。

　刷り込みが生涯の中で限られた時期にしか起こらない現象であることを実験的に調べた研究を紹介しよう。ヘスは図4-3Aに示したように，マガモのはく製が回廊の内側を周回できるように装置を作成し，はく製からはメスのマガモの声や実験者によるマガモの鳴きまねなどを録音した音声を提示した（Hess, 1959）。人工的に孵化させたマガモのヒナを，孵化から一定時間が経過した後に回廊に置き，後追い行動の出現を観察した。実験の結果，図4-3Bに示したように，生後32時間の間にこのような経験をしたヒナは，はく製に後追い行動をするようになった。特に孵化後13時間から16時間の

A

孵化したばかりのヒナを回廊におく

はく製のマガモ

B

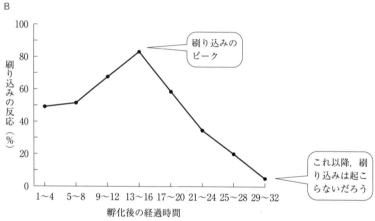

100

刷り込みの反応（％）

80

60

40

20

0

刷り込みのピーク

これ以降，刷り込みは起こらないだろう

1〜4　5〜8　9〜12　13〜16 17〜20 21〜24 25〜28 29〜32

孵化後の経過時間

図4-3　刷り込みの実験（Hess, 1959）

A 人工的に孵化させたマガモのヒナを回廊に置き，機械的に周回しているマガモのはく製に後追い行動を示すかどうかを調べた。B 孵化からの時間経過と刷り込み反応との関係を示している。これを見ると，孵化から一定時間が経過した頃に刷り込み反応が高い確率で生じるピークがあることがわかる。また，孵化から32時間を過ぎるとほとんど刷り込みが起こらないこともわかる。

間に刷り込みのピークを迎えることがわかった。しかし，生後29時間から32時間の間に上記の経験をしたヒナの場合，刷り込みが完成した割合が非常に低く，そのことから，生後32時間以降は刷り込みが起こらなくなるであろうと予測された。このように，マガモの刷り込みは生涯の中で限られた

時期にしか起こらない現象であり，そのような時期のことを**臨界期**（critical period）あるいは**敏感期**（sensitive period）という。

　刷り込み以外の初期学習の例として代表的なものには，ハーロウによる社会的隔離実験の例などがあるが，それについては8章を参照されたい。

4.　古典的条件づけ

　心理学における「学習」は，ヒトや動物がどのように行動を変容させるのか，あるいはどのように新しい行動を習得するのかを，理論的に説明することを目標としている。その中で，もっとも重要な説明概念が2つある。1つは**古典的条件づけ**（classical conditioning またはレスポンデント条件づけ：respondent conditioning またはパブロフ型条件づけ：Pavlovian conditioning）であり，もう1つが**オペラント条件づけ**（operant conditioning または道具的条件づけ：instrumental conditioning）である。まず，ここでは古典的条件づけについて説明していこう。

1）パブロフの研究

　皆さんも，「パブロフ」とか「条件反射」という言葉を一度は聞いたことがあるだろう。古典的条件づけとは，ロシアの生理学者パブロフが発見したもので，刺激と（生体の）反応の連合に基づく学習様式をさす。

　パブロフがイヌの唾液腺の研究をしていたある日のこと，イヌが飼育係の足音を聞いただけで唾液を流すという現象に気がついた。本来，唾液は口の中に入れられた食物による刺激，あるいは口の中の食物から得られる感覚によって，引き起こされる反応である。したがって，口の中に食物が入っていないにもかかわらず引き起こされる唾液分泌反応とは何なのだろうか，とパブロフは考えたのである。

　このことを，パブロフは実験によって調べた。まず，条件づけ前の段階であるが，エサが口の中に入れられると，イヌは自然と唾液を分泌する。この

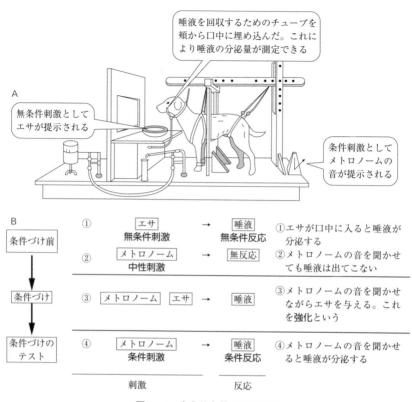

図4-4 古典的条件づけの過程

A 古典的条件づけの実験の様子を示す。ハーネスにイヌを固定し，口中に分泌した唾液をチューブを介してメスシリンダーに回収している。B 古典的条件づけの流れを示した。

ことは，唾液分泌がもともと生来の反射であることを示している。このように，エサはイヌの唾液分泌を反射的に（＝無条件で）引き起こす刺激なので，そのような刺激のことを**無条件刺激**（unconditioned stimulus）という。また，無条件刺激によって引き起こされた反応のことを**無条件反応**（unconditioned response）という。パブロフの実験では，エサによって引き起こされた唾液分泌反応が無条件反応である。メトロノームの音は，そもそも唾液の分泌とはまったく関係のない刺激であると考えられる。つまり，条件づけを行う前は，唾液分泌に対してメトロノームの音は**中性刺激**（neutral stimulus）であるといえる（図4-4 B参照）。

さて，ここからが条件づけの本番である。図4-4Aに示すように，イヌの頬に外科的に穴をあけて，そこに取りつけたチューブを介して口中に分泌された唾液の量を測定できるようにした。そして，中性刺激であるメトロノームの音をイヌに聞かせると同時に，イヌにエサを与えた。つまり，イヌはメトロノームの音とエサを対提示されたのである。このように，中性刺激と無条件刺激とを対提示することを，古典的条件づけにおける**強化**（reinforcement）という。強化を繰り返すと，イヌはメトロノームの音を聞いただけで唾液を分泌するようになる。条件づけの前は，イヌはメトロノームの音を聞いただけでは唾液を流すことはなかった。しかし，このイヌはメトロノームの音とエサを対提示されるという経験により，メトロノームの音を聞いただけで唾液を分泌するように行動が変化したわけである。メトロノームの音によって引き起こされた唾液分泌反応は，学習によって身についた反応なので，生来の唾液分泌反応（無条件反応）とは区別し，**条件反応**（conditioned response）とよぶ。また，条件反応を引き起こす刺激（パブロフの実験ではメトロノームの音）を**条件刺激**（conditioned stimulus）という。

2）恐怖の条件づけ

　パブロフの古典的条件づけの例は，唾液分泌という一種の生理的反射が，本来はそれとは無関係な刺激によって引き起こされるようになる過程であった。ここで紹介する恐怖の条件づけも，古典的条件づけの一例である。した

　　A 条件づけ前　　　　B 条件づけ　　　　　C 条件づけ後

図4-5　恐怖の条件づけ（Watson & Rayner, 1920）

A はじめアルバート坊やはラットに対して恐怖を示すことはなかった。B アルバート坊やがラットに手を伸ばそうとしたとき，大きな金属音が提示された。C そのような経験の結果，アルバート坊やはラットを怖がるようになった。

がって，基本的なメカニズムはパブロフの例と同じであると考えられる。しかし，パブロフの例では唾液分泌という生理的反射の習得であったのに対して，ここで紹介する恐怖の条件づけの例は，恐怖という情緒も古典的条件づけのプロセスにより習得されることを示している。

　ワトソンとレイナは生後11ヶ月の男の子（アルバート坊や）を被験者とし，恐怖と古典的条件づけとの関係を調べた（Watson & Rayner, 1920）。突然，大きな音を聞かされたり，身体の支えをはずされると，人間は驚いて心拍数が増加したり，呼吸が乱れたり，小さな子どもであれば泣き出すことがある。ワトソンらは大きな金属音を無条件刺激とし，男の子にとって恐怖とは無関係であったラットを条件刺激として，両者を繰り返し対提示した。その結果，男の子は実験前には恐怖反応を示すことのなかったラットに対して，恐怖反応を示すようになった。条件づけの結果，ラットに対して示すようになった恐怖反応は条件反応であり，学習された恐怖といえる。

3）消　　去

　恐怖の条件づけで紹介したアルバート坊やは，不幸にもラットを見ると恐怖におびえるように学習してしまった。それでは，古典的条件づけの手続きによって形成された条件反応を，消し去る方法があるのであろうか。答えはイエスである。

　古典的条件づけが成立している場合，その条件反応を消し去るためには条件刺激だけを単独で提示する。すると，最初のうちは条件反応が引き起こされるわけであるが，これを繰り返すと，そのうち条件反応が弱まり，ついには条件反応が生じなくなる。これを**消去**（extinction）という。ワトソンらの実験では，アルバート坊やにラットを繰り返し見せることにより，ラットに対する恐怖は消去すると考えられる。しかし，実際にアルバート坊やの恐怖が消去されたという記述は，ワトソンらの論文には見当たらない。

　完全に条件反応を消去してから一定時間が経過した後，再び条件刺激を提示すると，消去されたはずの条件反応が出現することがある。これを**自発的回復**（spontaneous recovery）という。もし，消去が学習された反応を消し去

る過程であると仮定するならば，自発的回復という現象は生じないだろうと予想される。自発的回復が引き起こされるということは，消去が学習反応の消失によって生じるのではなく，学習された反応の出現を静止するような新たな学習の形成によって生じる可能性を示していると考えられる。

4）般化と分化条件づけ

　条件刺激と類似した刺激に対して条件反応が生じることを**般化**（generalization）という。たとえば，ウサギを被験体として，1200ヘルツの音刺激を条件刺激として提示し，目の近くには弱い電気刺激を無条件刺激として提示する（Liu, 1971）。このような強化の手続きを繰り返すと，ウサギは音刺激に対して瞬膜を広げて目を覆うという条件反応を示すようになる。ウサギに1200ヘルツ以外の周波数の音を提示すると，それらの音刺激に対して

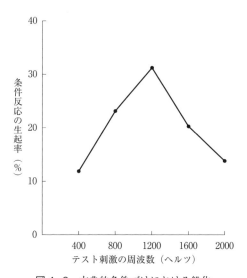

図 4-6　古典的条件づけにおける般化

ウサギを被験体として1200ヘルツの音を条件刺激とし電気刺激を無条件刺激として瞬膜反応を条件づけた。その後，400，800，1200，1600，2000ヘルツの音を提示したときの般化を調べたところ，1200ヘルツを頂点とする般化勾配が観察された。

も条件反応が観察される（図4-6）。これが般化である。与えられた音刺激の周波数が，もとの周波数の音刺激と類似しているほど，このときの条件反応は大きくなる（**般化勾配**：generalization gradient）。

それでは，条件刺激と類似した刺激に対して条件反応が生じないようにすることはできないのだろうか。ミツバチの口（吻）にショ糖溶液を接触させると，ミツバチは吻を伸ばしてショ糖溶液を吸おうとする反応を示す。ビタマンらは，2種類の匂い刺激を条件刺激としてミツバチに提示し，一方の匂

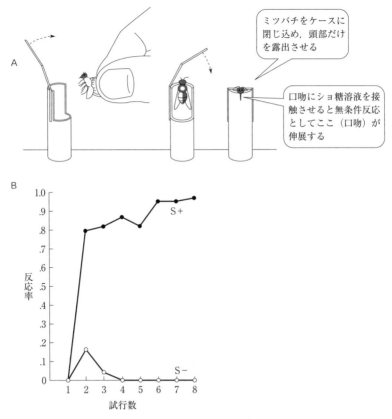

図4-7　分化条件づけの実験（Bitterman, et al., 1983）

A ミツバチの頭部だけが露出するようなケースに閉じ込める。B 2種類の匂い刺激を用意し，一方（S＋）を提示したときのみ，口にショ糖溶液を接触させると，S＋提示時に限って口吻の伸展反応が生じるようになる。

い刺激を提示した場合にのみショ糖溶液を与えた（Bitterman, Menzel, Fietz, & Schäfer, 1983，図4-7）。すると，ミツバチはショ糖溶液を伴う匂い刺激が提示された場合にのみ，吻の伸展反応を示すようになった。ビタマンらが用いた手続きのように，複数の刺激のうち，特定の刺激に対してのみ無条件刺激を対提示し，それ以外の刺激に対しては無条件刺激を対提示しない手続きのことを**分化条件づけ**（differential conditioning）とよぶ。

5）二次条件づけ

　条件づけが形成された後，条件刺激を無条件刺激のように用いて，あらたな条件づけを行うことができる。たとえば，パブロフは，メトロノームの音を条件刺激としてイヌに唾液分泌反応を条件づけしたあとで，黒い四角形とメトロノームの音とを対提示し（**二次強化**：secondary reinforcement），それを繰り返した。その結果，イヌは黒い四角形だけを提示した場合でも，唾液分泌反応を示すようになった。このような条件づけのことを**二次条件づけ**（secondary conditioning）という。原理的には三次，四次の条件づけが可能であると考えられるが，高次になるほど条件づけが困難となり，また，時々無条件刺激を用いた一次の条件づけ試行を行わないと高次の条件反応は弱まってしまう。

6）条件刺激と無条件刺激の時間関係

　条件刺激と無条件刺激とをどのような時間関係で提示すると学習が効率的に進むのだろうか。これまでの古典的条件づけに関する研究では，条件刺激と無条件刺激の時間関係を5つのタイプに分類し，それらの効果を比較してきた。図4-8を見てほしい。

　まず，**同時条件づけ**（simultaneous conditioning）である。これは，条件刺激と無条件刺激の提示を同時に開始し，同時に終了する手続きをさす。条件刺激と無条件刺激の提示が時間的にピタリと重なると，さぞかし条件づけの効率がよいだろうと思われるかもしれないが，実はこの場合の条件づけの効率はあまりよくない。条件刺激を無条件刺激よりも数秒だけ先行させて提示を

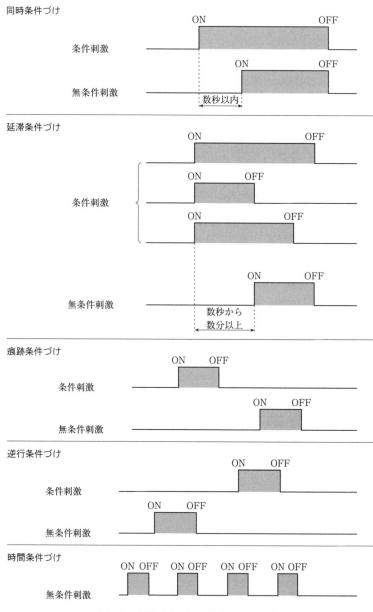

図4-8　条件刺激と無条件刺激の時間関係

条件刺激と無条件刺激の提示を開始するタイミング，あるいは条件刺激と無条件刺激を終了するタイミングなどに応じて，条件づけのタイプが分類されている。

開始し，両方の刺激を同時に終了させる手続きも同時条件づけに含めるが，こうすることにより条件づけの効率は高くなる。条件刺激が無条件刺激よりも0.5秒先行して提示されるタイプの同時条件づけが，これから紹介する他の4つのタイプの条件づけに比べて，もっともよく条件づけができることが報告されている。

　条件刺激が無条件刺激に数秒先行して提示される場合を同時条件づけといったが，条件刺激が無条件刺激よりも数秒から数分間先行して提示され，条件刺激と無条件刺激とを同時に終了させるタイプを**延滞条件づけ**（あるいは**遅延条件づけ**：delayed conditioning）という。条件刺激と無条件刺激の終わらせ方にはいくつかのバリエーションが考えられているが，条件刺激と無条件刺激とが，わずかな時間でも重なるタイミングがありさえすれば，たとえ条件刺激と無条件刺激とが別々に終了したとしても，それは延滞条件づけとみなされる。

　条件刺激が提示され，条件刺激の提示を終わらせてから無条件刺激の提示を開始する手続きのことを**痕跡条件づけ**（trace conditioning）という。延滞条件づけとの大きな違いは，条件刺激と無条件刺激とが，一緒には提示されないということだ。

　以上の条件づけとは違い，無条件刺激を先行して提示し，無条件刺激の提示が終了してから条件刺激を提示する手続きを**逆行条件づけ**（backward conditioning）という。この手続きでは条件づけの成立はきわめて難しいといわれている。

　最後に，**時間条件づけ**（temporal conditioning）である。このタイプの条件づけでは，条件刺激は提示されない。無条件刺激だけが，一定時間ごとに規則正しく提示される手続きである。このような条件づけを行うと，無条件刺激が提示される直前に条件反応が規則的に出現するようになる。

5. オペラント条件づけ

　反射における刺激と反応の関係のように，これまでは特定の刺激だけが誘発していた反応を，それまでその反応とは無関係であった刺激が引き起こすようになる過程に関わる学習が，古典的条件づけであった。したがって，古典的条件づけを通して特別な新しい反応が形成されるというよりは，既存の反応が，これまでの刺激とは別の刺激によっても引き起こされるようになる過程が，古典的条件づけの基本的な特徴なのである。

　ところで，古典的条件づけにおいて条件づけられる反応は，一般的には**不随意的反応**（involuntary reaction）である。すなわち，唾液の分泌や，目に対する空気の吹きつけによって引き起こされる瞬目反応のように，もともとは反射によって引き起こされる反応である。しかし，日常生活において人々の行動に占める不随意的反応の割合は，それほど高くはない。何らかの刺激によって誘発される不随意的反応よりは，むしろ，私たちが自ら自発する反応の方が私たちの日常生活に占める割合は高い。これから紹介するオペラント条件づけとは，そのような人間や動物の**自発反応**（spontaneous response）の学習に関わっている。

1）ソーンダイクの研究

　箱に閉じ込められたネコが，自ら扉の掛け金をはずし，箱から脱出する。ソーンダイクは**問題箱**（puzzle box）とよばれる装置を用いて，ネコのそのような自発反応の学習過程を研究した（Thorndike, 1898, 図4-9）。

　問題箱の外にエサを置き，お腹を空かせたネコを問題箱の中に入れる。ネコははじめのうち壁をひっかいたり，板の隙間から前脚を出したりと，さまざまな反応を自発するが，そのうち偶然にペダルを踏む。ペダルを踏むと扉の掛け金がはずれて扉が開く仕組みになっていて，ネコは脱出に成功する。そして，エサを食べたネコを再び問題箱に入れる。これを繰り返していくう

A

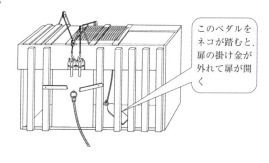

このペダルを
ネコが踏むと，
扉の掛け金が
外れて扉が開
く

B

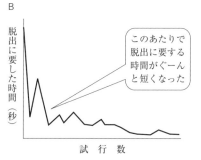

脱出に要した時間（秒）

このあたりで
脱出に要する
時間がぐーん
と短くなった

試　行　数

図4-9　ソーンダイクの実験

A　ソーンダイクの問題箱。問題箱にはいくつかのバリエーショ
ンがあるが，図はペダルを踏むと扉が開くタイプの問題箱。B　ソー
ンダイクの実験結果。最初のうち，ネコは問題箱から脱出する
ために多くの時間を費やしたが，試行を繰り返すうちに短時間
で問題箱から脱出できるようになった。

ちに，問題箱に入れられたネコは真っ先にペダルを踏むようになり，脱出す
るまでに要する時間は短くなる。このように，動物がさまざまな試みを通し
て徐々に学習が進行していく過程を，ソーンダイクは**試行錯誤**（trial and
error）とよんだ。ソーンダイクは，試行錯誤する過程で動物に「満足」とい
う結果をもたらした反応は繰り返されやすくなると説明し，そのような学習
の原理を**効果の法則**（law of effect）とよんだ。問題箱の場面で説明すると，
ネコにとっては問題箱から脱出して外にあるエサを食べることがネコに満足
を与えるだろうと考えられる。すなわち，「ネコを問題箱から脱出させる」
ことにつながる「ペダルを踏む」という反応が，その後の同じ場面では繰り

返されやすくなるというわけである。

2) オペラント条件づけの原理

　ソーンダイクの効果の法則では，動物が自発反応をどのように習得していくのかを説明しようとした。その説明の中で「満足」という言葉が使われたが，動物が「満足」したかどうかを確かめることは誰にもできない。スキナーが自発反応の習得過程をオペラント条件づけという用語を用いて改めて説明しようとした理由の１つがここにある。

　スキナーは，人間や動物が自発する行動を**オペラント行動**（operant behavior）とよんだ。スキナーは人間や動物がオペラント行動を変化させていく過程（これを学習という）にオペラント条件づけの仕組みが関わっており，人間や動物が行うほとんどすべての行動をオペラント条件づけの観点から説明することができるという考え方を強力に推進した。

　スキナーは**スキナー箱**（Skinner Box, 図4-10参照）とよばれる装置を考案した。ラット用のスキナー箱にはレバーがついていて，これを押し下げるとエ

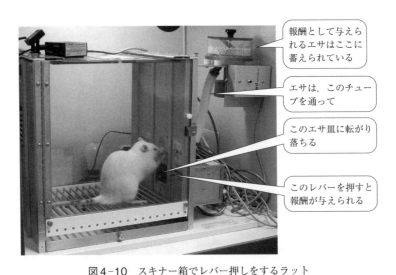

報酬として与えられるエサはここに蓄えられている

エサは，このチューブを通って

このエサ皿に転がり落ちる

このレバーを押すと報酬が与えられる

図4-10　スキナー箱でレバー押しをするラット

レバー押し行動を訓練されたラットがスキナー箱の中で実験を行っている様子を示す。

サ粒が出てきたり，水が与えられたり，あるいは電気ショックのような嫌悪刺激（後述）が停止するような仕組みになっている。

　ラットをスキナー箱の中に入れると，最初のうちは，ラットが偶然にレバーを押すことはあるが，それほど頻繁に押すことはない。しかし，レバーを押した結果，エサ粒が出てきたり，あるいは水が与えられるという経験を繰り返すと，もし，ラットがほんとうにエサや水の提示を望んでいるのであれば，ラットが自発的にレバーを押す反応は増加する。このときのエサ粒や水のように，動物がある反応を自発したときに与えると，その行動の発現を増加させるような刺激のことを**報酬**（reward）という。報酬は，**正の強化子**（positive reinforcer：あるいは**正の強化刺激**）ともいわれる。

　報酬とは対照的に，本来，動物がその提示を嫌がるような刺激もある。たとえば，心理学の実験で時々用いられる電気ショックはそれにあたる。動物が提示を嫌がるような刺激のことを**嫌悪刺激**（aversive stimulus）という。嫌悪刺激は，**負の強化子**（negative reinforcer：あるいは**負の強化刺激**）ともいわれる。

　ところで，動物の自発反応の直後に報酬を与えると，動物は自発反応の発現を増加させる。このように，動物の自発反応の発現を増加させるような手続きのことを，**強化**（reinforcement）という。一般的には，動物の自発反応を増加させる方法としては，このように報酬を使う方法が思い浮かぶが，嫌悪刺激を使って自発反応を増加させることもできる。このときは，自発反応が発現したならば嫌悪刺激を取り除いてやればいい。報酬を用いる場合には，それを提示することで自発反応が増加し，嫌悪刺激を用いる場合には，それを取り除くことで自発反応が増加する。前者のような強化を**正の強化**（positive reinforcement），後者のような強化を**負の強化**（negative reinforcement）という（図4-11）。

　一方，強化とは逆に，自発反応の発現を減少させるような操作のことを**罰**（punishment）という。具体的には，自発反応の出現に対して嫌悪刺激を与えるというやり方をする。たとえば，子どもがいたずら（という自発反応）をしたら，大人がそのことを叱ったり，お尻をたたく。もし，その子のいたずらがその経験によって減少したとするならば，それが罰である。一般的に罰と

	強化 （反応は増加）	罰 （反応は減少）
刺激の種類		
正の強化刺激	提示 **正の強化**	除去 **負の罰**
負の強化刺激	除去 **負の強化**	提示 **正の罰**

図4-11　オペラント条件づけにおける強化と罰

強化とは反応を増加させる手続きであり，正の強化刺激を提示する正の強化という方法と負の強化刺激を除去する負の強化という方法がある。一方，罰とは反応を減少させる手続きであり，正の強化刺激を除去する負の罰と負の強化刺激を提示する正の罰とがある。

いうと，嫌悪刺激を提示することと思われがちであるが，報酬を使って罰することもできる。たとえば，子どもがいたずらをしたら，子どもが楽しみにしていたおやつ（報酬）を与えない。このように嫌悪刺激を用いる場合には，それを提示することで自発反応が減少し，報酬を用いる場合には，それを取り除くことで自発反応が減少するので，前者のような罰を**正の罰**（positive punishment），後者のような罰を**負の罰**（negative punishment）という。

　オペラント条件づけの手続きによって動物が自発するようになった反応は，消し去ることができる。すなわち，条件づけられた反応が出現しても強化をしない。すると，条件づけられた反応が弱まり，ついには消失する。これを**消去**（extinction）という。また，いったん反応が消去しても，一定時間が経過した後で再び条件づけられた反応が現れる場合がある。これを**自発的回復**（spontaneous recovery）という。消去や自発的回復という用語は，古典的条件づけにおいても，オペラント条件づけにおいても用いられるが，それらの違いについて正しく理解しておく必要がある。

3) 弁別と般化

　「青信号であれば横断歩道を渡ってよい。赤信号であれば，信号が青になるまでそこで待つ」。このときの信号の色のように，その場面でどのような行動をすればどのような結果が生じるのかを知らせる手がかりとなる刺激を

弁別刺激（discriminative stimulus）という。

　左右に並んだ2本のレバーをそなえつけたスキナー箱を使って，あらかじめスキナー箱でのレバー押しを学習しているラットに，次のような条件で訓練を行う。8000ヘルツの音刺激（高い音）が提示されたときに右側のレバーを押すとエサが与えられるが，そのときに左側のレバーを押してもエサは与えられない。また，2000ヘルツの音刺激（低い音）が提示されたときに左側のレバーを押すとエサが与えられるが，そのときに右側のレバーを押してもエサは与えられない。このときに提示される音刺激が弁別刺激である。はじめのうち，ラットは提示される音刺激の周波数に関係なくレバー押しを行うが，訓練を進めるうちに，提示された音の高さに応じて左右のレバーを押し分けるようになる。このように，動物が2つ以上の刺激を区別して反応することを課す学習を**弁別学習**（discriminative learning）という。

　8000ヘルツの音刺激と2000ヘルツの音刺激を区別し，レバーを押し分けることができるようになったラットに，8100ヘルツの音刺激をはじめて提示したとする。そのとき，おそらくラットは右側のレバーを押すだろうと予想される。このように，弁別刺激と類似の刺激に対して条件づけられた反応と同様の反応が観察される現象を，**般化**（generalization）という。

4）部分強化と強化スケジュール

　反応が出現するたびに強化することを**連続強化**（continuous reinforcement）という。ところで，日常場面に連続強化を応用しようとすると，それが困難な場面が多い。たとえば，教師が生徒のあいさつ行動を賞賛によって強化する場合，朝から晩まで教師が生徒につきそうことはできない。現実には出現した行動の一部を強化することになる。そのような強化を**部分強化**（partial reinforcement）という。

　出現した行動の一部を強化するといった場合に，いったいどのような基準に基づいて強化すべき行動を決定すればよいだろうか。それには2つの考え方がある。1つは時間を基準にして強化すべき行動を決定する場合である。もう1つは，反応の回数を基準にして強化すべき行動を決定する場合である。

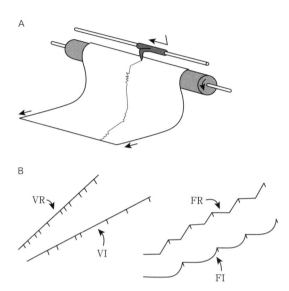

図4-12 さまざまな強化スケジュールにおける動物の
反応パタン

A 累積反応記録器　一定のペースでロール紙が動きその上をペン先が動くことでグラフが作成される。動物が反応するたびにペン先が矢印の方向へ動く仕組みになっている。
B 強化スケジュールごとの反応パタン　横軸は時間経過，縦軸は反応数を示す。動物がたくさん反応するとグラフは右上方向に伸び，動物があまり反応しないときはグラフは真横に伸びる。短い線はそこで強化子が提示されたことを示している。

さらに，それぞれの場合について，時間や回数を一定に保つ場合と一定の範囲で変化させる場合とがある。すなわち，それらの組み合わせで4つのパタンの**強化スケジュール**（schedule of reinforcement）が考えられる（図4-12）。

（1）　固定間隔（fixed interval：FI）強化スケジュール

ある反応が強化されてから一定時間経過後の最初の反応を強化する。たとえば，FI 10秒のスケジュールでラットのレバー押し反応を強化する場合，ラットが一度報酬を得てから10秒間はラットがレバーを押したとしても報酬は与えられない。また，前の報酬提示から10秒が経過したからといって，自動的にエサが与えられるわけでもない。前の報酬提示から10秒が経過した後にラットが自発した最初のレバー押しに対して報酬が与えられるスケ

ジュール，それが FI 10 秒という強化スケジュールである。

(2) 変動間隔（variable interval：VI）**強化スケジュール**

FI スケジュールと同様に時間間隔を基準にしているが，試行ごとの間隔時間にはばらつきがある。VI 10 秒の強化スケジュールでは，ラットが一度報酬を得てから平均して 10 秒後の最初の反応が強化される。たとえば，最初は試行開始から 7 秒後以降に生じた最初の反応が強化されたとしよう。次には最初の強化から 13 秒後の最初の反応が強化されるかもしれない。その次は，2 回目の強化から 8 秒後，さらに 12 秒後の反応が強化されるというように，直前の強化から平均して 10 秒後の最初の反応が強化される。これが VI 10 秒の強化スケジュールである。

(3) 固定比率（fixed ratio：FR）**強化スケジュール**

一定反応数ごとに強化されるスケジュールである。たとえば，FR 10 ではラットが 10 回反応するごとに強化される。

(4) 変動比率（variable ratio：VR）**強化スケジュール**

FR 強化スケジュールと同様に反応回数を基準にしているが，試行ごとに要求する反応回数にはばらつきがある。VR 10 スケジュールでは，ラットが平均して 10 回反応するごとに強化される。たとえば，最初は 7 回目の反応が強化されたとしよう。次には最初の強化から 13 回目の反応が強化されるかもしれない。その次は，8 回目，さらに 12 回目の反応が強化されるというように，全体では平均すると 10 回の反応に対して 1 回強化されるスケジュール，これが VR 10 スケジュールであり，VR 強化スケジュールの考え方である。

部分強化によって条件づけられた反応は連続強化によって条件づけられた反応に比べて消去しにくい（これを「**消去抵抗**（resistance to extinction）**が大きい**」という）。このような現象を**部分強化効果**（partial reinforcement effect）という。パチンコや競馬などのギャンブルにはまってしまった人が，なかなかギャンブルをやめられないのは，このような部分強化効果が関与しているといわれている。つまり，ギャンブルは"時々勝つ"という経験を人々にさせる。"時々勝つ"ことは，部分強化に相当する。それゆえ，なかなかギャンブルを消去できないのである。

5) 反応形成

オペラント条件づけの原理にしたがいラットにレバー押しを学習させるには，まず，ラットが自発的にレバーを押してくれるのを待たなければならない。ラットがレバーを押してくれるまでは，実験者は何もすることができず，ひたすらラットがレバーを押してくれるのを待つしかないのである。しかし，そのようなラットに効率的にレバー押しを条件づける何かよい方法はないだろうか。また，サーカスで見るライオンやゾウの曲芸のように，複雑な行動を動物に学習させるには，どうしたらよいのだろうか。

効率的に学習を進めたり，動物に複雑な行動を学習させるには，**反応形成**（shaping）を行うとよい。たとえば，反応形成の一技法である**漸次接近法**（successive approximation method）を用いて，ラットにレバー押しを学習させるには，次のような手順をとる（図4-13）。まず，レバーの取りつけてある壁に近づくことをラットに学習させる。それにはレバーの取りつけてある壁にラットが近づいたときにエサを与え，そのような操作を繰り返す。すなわち「壁に近づく」という自発反応を最初に条件づけるのである。次の段階では，レバーの前で立ち上がることを学習させ，さらに，立ち上がった状態でレバーに触れること，レバーを押すことを，順次，学習させていく。このように，最初は自発しやすい行動を強化の対象とし，徐々に強化の対象をシフトして，目標としている複雑な行動に近づけていくのである。

6) 条件性強化

食べ物，飲み物，嫌悪刺激などは人や動物がそれらをはじめて与えられたときから強化刺激として機能する刺激であり，そのような刺激のことを**一次強化子**（primary reinforcer）という。しかし，日常生活における行動がすべて一次強化子と直接に結びついているわけではない。何らかの経験を通して強化力を獲得した刺激が私たちの行動に影響を及ぼすことがある。そのような刺激を**条件性強化子**（conditioned reinforcer）という。

ウォルフはチンパンジーを被験体として**条件性強化**（conditioned reinforcement）の実験を試みた（Wolfe, 1936）。まず，一次強化子としてレーズ

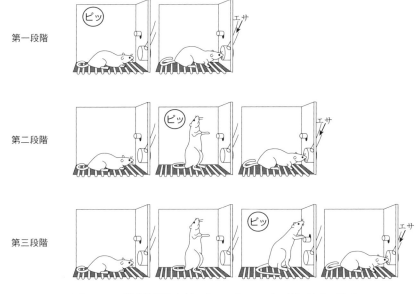

図4-13　漸次接近法を用いたラットのレバー押し反応の形成

第一段階ではラットが正面パネルに近づいただけで報酬であるエサ粒が与えられた。**第二段階**では，ラットがレバーの前で立ち上がった場合にエサ粒が与えられた。そして，**第三段階**ではラットがレバーに触れた場合にエサ粒が与えられた。

ンを使い，ポーカーチップを自動販売機に入れる行動を形成した。次に，ポーカーチップを条件性強化子として，別の装置のハンドルを引く行動を形成した。その結果，チンパンジーは，まずハンドル引き行動でポーカーチップを手に入れ，手に入れたポーカーチップを自動販売機に入れてレーズンを獲得するようになった。人間にとってお金は条件性強化子であるといえるだろう。

6.　条件づけの応用

　古典的条件づけやオペラント条件づけの概念は，人間や動物の行動を理解し，説明する上で非常に役に立つ概念である。一方，これらの概念は実際に

人間や動物の行動を予測し，コントロールする上でも有効である。

　そこで，ここでは古典的条件づけとオペラント条件づけの手法が医療現場や実生活の中でどのように役立っているのかについて述べてみたい。

1）医療現場における条件づけ

　古典的条件づけやオペラント条件づけの手法が積極的に取り入れられ，かつ有効に機能している現場の一つが医療現場である。たとえば，**プラシーボ効果**（**偽薬効果**：placebo effect）はその一例である。外見的には薬剤に見えるが，実際には薬剤の効果をもたない物質のことをプラシーボという。本来は薬物を使った治療を行っているが，それによる副作用などの問題がある場合には，本人や家族の同意のもとにプラシーボを使うことがある。だがプラシーボは実際の薬物ではないわけで，いったいどのように"薬理効果"を発揮するのだろうか。

　たとえば，手術による痛みを緩和するために鎮痛薬を注射によって投与しているケースを考えよう。注射器の中には無色透明の鎮痛薬が充填されており，通常はそれが投与されるのである。ところが，プラシーボ効果を得る場合には，たとえば注射器には生理食塩水を充填する。これも，鎮痛薬と同じ無色透明である。したがって，一見しただけではそれが鎮痛薬なのか，プラシーボなのかはわからない。このプロセスを古典的条件づけの言葉を用いて説明してみよう（図4-14）。

　まず，鎮痛薬であるが，これが体内に入ると鎮痛効果が引き起こされる。これは，パブロフの実験でいえば，口の中に入れられたエサと，それによって引き起こされる唾液分泌の関係に相当する。つまり，鎮痛薬が無条件刺激であり，それによって引き起こされる鎮痛効果が無条件反応である。一方，注射そのものは鎮痛効果とはもともと無縁であり，パブロフの実験で中性刺激として登場したメトロノームの音に相当する。それから，鎮痛薬を注射されるという経験は，鎮痛薬と注射とが対提示されることを意味しており，強化の手続きに相当する。もし，そのような強化の手続きが繰り返されると，注射が条件刺激として働くようになり，注射をしただけで，鎮痛薬が体内に

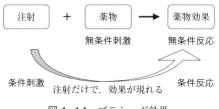

図4-14　プラシーボ効果

本来，薬物によって引き起こされる効果が，その薬物とは異なる偽薬を投与された場合でも引き起こされることがある。それをプラシーボ効果という。そのプロセスには古典的条件づけが関与している。すなわち，無条件刺激である薬物と，中性刺激（その後，条件刺激になる）である注射とが対提示されるという経験をすることにより，中性刺激である注射を受けただけで無条件反応と同様の作用が引き起こされるのである。このときの作用は条件反応であり，条件反応を引き起こした注射というプロセスは条件刺激である。

入らなくても鎮痛効果が引き起こされるようになるのである。このときの鎮痛効果がプラシーボ効果であり，これは条件反応であると考えられる。これが，プラシーボ効果が引き起こされる場合の心理的メカニズムだ。

2）行動療法

　日常生活における問題行動や不適応行動などを除去する目的で，条件づけの原理を利用した心理療法が用いられることがある。これを**行動療法**（behavioral therapy）という。

（1）　夜尿症の治療

　マウラーは古典的条件づけの原理を夜尿症の治療に応用している。尿を検知するとブザーが鳴る仕組みをもつ夜尿マットの上に患者を就寝させる。就寝中に排尿すると，ブザーが鳴り，患者は目覚めることになる。このとき，ブザー音は患者を覚醒させる無条件刺激であり，無条件刺激によって引き起こされる覚醒は無条件反応である。ところで，私たちは膀胱が充満している内部感覚に基づいて排尿行動をするが，夜尿の場合にもその直前には膀胱の充満感はあるだろうと考えられる。しかし，患者にとって膀胱の充満感は覚

醒とは結びついておらず，膀胱が尿で満たされていると感じたとしても覚醒することができないのである。このとき，患者を夜尿マット上で就寝させると，膀胱の充満感と夜尿後のブザー音とが時間的に接近して提示されることになり，膀胱の充満感と覚醒とが関係づけられることになる。このようなプロセスによって膀胱の充満感が条件刺激となり，覚醒という条件反応が引き起こされるようになるのである。

（2）　恐怖症の治療

古典的条件づけにおける消去手続きを応用した技法が，ウォルピによる**系統的脱感作**（systematic desensitization）である。系統的脱感作は不安神経症や恐怖症のように，不安との関係が強い症状の治療に使われる。まず，不安や恐怖を引き起こす刺激場面を，不安や恐怖の強度にしたがって階層化する。そして，まずは階層化された刺激の中で，不安や恐怖を引き起こすが，その強度が弱い刺激を与え，ジェイコブソンの筋弛緩法により筋肉の弛緩を行う。弱い刺激を与えても不安や恐怖が起こらなければ，順次，刺激を強くしていき，最後には，それまで不安や恐怖の対象となっていた刺激が提示されても不安や恐怖が生じないように訓練する。

（3）　拒食症の治療

次にオペラント条件づけの原理を取り入れた例として，正の強化を用いた**拒食症**（anorexia nervosa）の治療を紹介する。拒食症が著しい体重減少と栄養不良を引き起こした場合，患者に早急に摂食行動を形成し，食物を自ら摂取するよう訓練しなければならない。オペラント条件づけの原理を利用するためには，報酬として機能するような刺激が必要である。たとえば会話が好きな患者であれば，普段は個室で生活をさせて，会話を制限することで，「ほかの人とおしゃべりしたい」という気持ちが強くなる。このとき，はじめて会話をすることが報酬として機能するようになる。食事の時間になると治療者が患者の近くに座り会話の相手をする。はじめのうちは，患者が箸やフォークを手にしたときに治療者は会話をする。箸やフォークを手にする頻度が増加したならば，今度は箸やフォークで食べ物を口に運んだときに会話をする。このように反応形成のところで紹介した漸次接近法を応用し，患者

に摂食行動を形成する。

3）日常生活における条件づけ

テレビでCMを流すために，企業は莫大な資金を投じている。しかし，たった15秒から30秒のCMのために，どうして企業はそのように大金をかけているのだろうか。それは，当然CMを流すことが商品の売れ行きを左右するからであるが，では，CMを流すとどうして商品が売れるのだろうか。実はその背景には古典的条件づけが関わっている場合がある。

架空の話でそれを説明したい。

"Bちゃん"といえば，今や日本を代表するロックンローラーだが，最近では大人の「渋さ」も彼の魅力の1つとなり，ファン層は老若男女へと広がっている。特に，テレビに映る彼の映像は，大人の「渋さ」を強烈にアピールし，"Bちゃん"の映像が多くの人々の心に自然と「渋さ」をイメージさせるようになってきたのである。これはパブロフの実験におけるエサと唾液分泌の関係と非常によく似ており，"Bちゃん"の姿が「渋さ」というイメージを引き起こす無条件刺激となって機能しているのである。もし，TVCMに"Bちゃん"が登場し，缶コーヒーを格好よく飲み干す映像がながされたとするならば，"Bちゃん"とともに映し出された缶コーヒーを見ただけで，人々は「渋さ」をイメージできるようになる。つまり，缶コーヒーはパブロフの実験におけるメトロノームの音と同様，条件刺激として機能するようになる。その缶コーヒーの宣伝主旨が「いままでの甘いだけの缶コーヒーとは違った大人の渋み」をアピールしたいとすれば，"Bちゃん"を起用した理由はまさにそれである。

7．社会的学習

人間や動物の自発反応の学習はオペラント条件づけの原理に従うことを先に説明した。オペラント条件づけでは人間や動物が自ら行動を自発し，行動

を自発したことで，どんな結果になったのかということが重要であった。このとき，その場に居合わせた他者や他個体の行動が学習に影響を与えることはないのだろうか。

　日常生活の中では他者の影響が学習にとって重要な影響を及ぼす場面がたくさんある。たとえば，子どもは大人の行動を真似してみたり，自分の兄や姉と同じように振る舞うことを好む。また，私たちは事件や事故のニュースをテレビで見て，自分がそのような事件や事故に巻き込まれないように気をつけて行動するようになる。このように，他者あるいは他個体の経験を見たり聞いたりすることで学習が成立する場合，それを**社会的学習**（social learning）という。

　社会的学習は，その成立プロセスのどこに重点を置くかによって2つのタイプに分けて考えることができる。1つは**模倣**（imitation）あるいは**模倣学習**（imitative learning）というタイプであり，もう1つは**観察学習**（observational learning）というタイプである。

1）模 倣 学 習

　模倣学習の代表的な研究はミラーとダラード（Miller & Dollard, 1941）による研究だ。彼らは途中から左右に分かれる走路のスタート地点にネズミを置き，左右のゴール地点の一方にエサを置いた。そして，カードの色により左右のゴールのどちらにエサがあるかをネズミに合図した。たとえば，白いカードがエサの手がかりだとするならば，ネズミは白いカードの置かれたゴールを選択すればエサを獲得できる。こうした訓練を通じて白いカードに向かって走っていくようになったネズミを"熟練モデル"とする。このとき，この課題を訓練されていないネズミを"学習者"とし，熟練モデルのあとに続いて走らせる。"学習者"が熟練モデルの後に続き，同じゴールを選択した場合にエサが与えられるようにすると，"学習者"は熟練モデルの行動を模倣し，同じゴールを選択するようになる。このように他者と同じ行動をすることが強化されるという経験によって学習が成立することを，模倣学習という。

2）観 察 学 習

　模倣学習の特徴の1つは，"学習者"がモデルと同じ行動を，モデルとほぼ同じタイミングで自発するということ，そしてもう1つは，"学習者"が自発した行動が強化されることで学習が形成されるということである。一方，観察学習の場合には，"学習者"がモデルと同じ行動を自発することは必ずしも必要ではなく，また，"学習者"が強化されることも必要としていない点にある。

　バンデューラと共同研究者たちが行った研究（Bandura, Ross, & Ross, 1961）では，モデルがビニル製の人形に攻撃をしている様子を見せた子どもたち，攻撃していないモデルの様子を見せた子どもたち，モデルの行動を観察させなかった子どもたちの3群に分け，その後の子どもたちの行動を比較した。その結果，モデルが攻撃をしている様子を観察していた子どもたち自身の攻撃行動が，その他の2群の子どもたちの攻撃行動に比べて増加した。このようにモデルの行動を観察することで成立するような学習のことを観察学習という。

　また，バンデューラ（Bandura, 1965）は，モデルがビニル製の人形を攻撃したあとで，ご褒美をもらう映像を視聴する子どもたちと，モデルが罰せられる映像を視聴する子どもたちの，その後の行動を比較した。その結果，モデルが罰せられている映像を視聴した子どもたちの攻撃行動は少なかった。このように，モデルの行動を強化することが，観察者の学習に影響する場合に，**代理強化**（vicarious reinforcement）という。

5章
記憶と忘却

1. 日常生活における記憶の役割

　記憶は私たちの日常生活にとってきわめて重要な役割を果たしている。た
とえば，私たちは家族や友人の顔や名前を記憶しているし，自分の家がどこ
にあるのかを記憶している。また，言葉の意味を記憶しているから話すこと
ができるし，会話をしている相手の発話内容を記憶していられるから，それ
に対する返答もできるのである。

　ところが，記憶がこのように重要な役割を果たしているということを，
日々の生活の中で意識することはあまりない。健康をそこねたときにはじめ
て健康のありがたさを認識するのと同じように，私たちは記憶が正常に機能
しなくなったときにはじめて記憶の重要さに気がつくのである。たとえば，
アルツハイマー型認知症という記憶障害を主とする病気にかかると，それが
重症化した場合には家族の顔や名前，自分の家の所在すら忘れてしまう。ま
た，直前の会話の内容を忘れてしまうことが多く，同じ話が何度も繰り返さ
れる。こうなると，患者の苦しみはもちろんであるが，介護する家族の身体
的，そして精神的なダメージは計り知れない。このように，記憶は私たちの
日常生活の基盤となっているといっても過言ではない。

2. 記憶の過程と構造

1）記憶の過程

　英単語の試験を受けることを想像してみよう。まず，私たちは試験にそなえて英単語の綴りやその意味を覚えるという作業をするだろう。試験勉強である。そして，試験の開始時間まで勉強した内容をよく覚えておく。試験の時間になったら試験勉強で覚えたことをできるだけたくさん思い出し，答案に解答を書く。

　時間の経過にしたがうこのような作業の流れは，記憶過程における3つの段階にそれぞれ対応していると考えられる（図5-1）。記憶過程には，まず外界の情報や記憶すべきことがらを覚える段階がある。これを**記銘**（memorization）という。次に，覚えた情報やことがらを維持している段階があり，これを**保持**（retention）という。最後に，覚えた情報やことがらを思い出す段階がある。これを**想起**（recall）という。

　記憶の過程を一種の情報処理の過程であるとみなす研究者たちは，記銘，保持，想起を，それぞれ**符号化**（encoding），**貯蔵**（storage），**検索**（retrieval）とよんでいる。

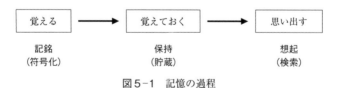

図5-1　記憶の過程

最初の段階は新しい情報を覚える段階であり，これを記銘という。次に，その情報を覚えておく段階があり，これを保持という。最後に，覚えていた情報を必要なときに思い出す段階があるが，これを想起という。

2）記憶の測定

　ある人の記憶能力を調べたり，どのくらい正しく記憶しているのかを調べるには，記憶テストをする必要がある。代表的な記憶テストの方法には，**再生**（recall）と**再認**（recognition）という２つの方法がある。

　再生とは，記銘したことがらを思い出して口頭で報告させたり，あるいは筆記して回答させることで，正しく記銘していたかどうかを確かめるタイプの記憶テストである。このとき，覚えた順序の通りに再生させる場合を**系列再生**（serial recall），順序などは問わず思い出したままに答えてもらう場合を**自由再生**（free recall）という。さらに，再生させる場合に何らかのヒントを与え，それを利用して答えてもらう方法を**手がかり再生**（cued recall）という。

　一方，再認とは，記銘したことがら（ターゲット）と記銘していないことがら（ディストラクタ）を提示し，その中から記銘したことがらを選択させることで，正しく記銘していたかどうかを確かめる記憶テストである。ターゲットあるいはディストラクタを１つずつ提示して，その項目が記銘したことがらかどうかを答えさせる方法と，ターゲットとディストラクタを同時に提示し，ターゲットを選択させる方法などがある。

　私たちが試験を受ける場合に，空欄にあてはまる言葉を答えなければならない問題が出題されたとしよう。学生たちは"筆記式"などとよぶが，自らの力でその解答を思い出し，答えを記入する問題であれば，それは再生テストである。また，学生たちは"選択式"とよぶが，あらかじめ"語群"が与えられていて，その中から適当な語句を選択する問題であれば，それは再認テストとなる。

3）記憶の構造

　電話帳でピザ屋の電話番号を調べて，ピザの出前を注文する場面を想像していただきたい。電話帳に目をやり，まずはピザ屋の電話番号を覚える。そして，忘れないうちに電話機のダイヤルボタンを押して，ピザ屋に電話をかける。たったこれだけの作業なのであるが，もし私たちの記憶能力が正常に機能していないと，この作業はきわめて困難になる。なぜなら，電話機のダ

イヤルボタンを眺めながらピザ屋の電話番号を正確に入力する作業は，直前に記銘した複数の数字を順序通りに再生しなければならない一種の記憶テストのようなものだから。

　ところで，ピザの出前を注文するために覚えたピザ屋の電話番号は，注文の電話を切る頃には，すっかり忘れてしまっていることだろう。一方，自宅の電話番号や自分の携帯電話の番号などは，ピザ屋の電話番号とは違って，そう簡単には忘れない。ピザ屋の電話番号も，自宅の電話番号も，電話番号であることには違いはないのであるが，記憶という観点から考えると，一方はあっという間に忘れてしまうタイプの記憶貯蔵庫に保管されており，もう一方は簡単には忘れることのないタイプの記憶貯蔵庫に保管されている記憶であるといえる。

　このように，記憶システムは，性質の異なるいくつかの構造が，互いに関わり合いながら機能していると考えられる。

　ところで，記憶される情報は，いったいどこから入ってきて，どこに行きつくのだろうか。まず最初は，記憶される情報は目や耳などの感覚器官から入力されてくる。そして感覚器官そのものでごく短時間（1秒以内）保持される。ここでの記憶を**感覚記憶**（sensory memory）という。感覚記憶に入った情報の多くはそのまま消失する。しかし，その中で**注意**（attention）を向けられた情報は，**パタン認知**（pattern recognition）による処理を受け，**短期記憶**（short-term memory）で保持されることになる。短期記憶に入った情報は，**リハーサル**（rehearsal）といって，声に出してブツブツとつぶやいたり，内的に繰り返しているあいだ保持される。しかし，リハーサルをやめると約20秒以内に思い出すことができなくなる。すなわち，**忘却**（forgetting）である。一方，十分にリハーサルされた情報や意味的に処理された情報は，**長期記憶**（long-term memory）に転送され，永続的に保持されることになる。

　1970年代から今日まで，記憶メカニズムの主要な構造は，短期記憶と長期記憶であると考えられてきた。このような考え方を記憶の**二重貯蔵モデル**（two-store memory model：図5-2）といい，アトキンソンとシフリンによって提案された（Atkinson & Shiffrin, 1968）。二重貯蔵モデルにしたがえば，脳内に

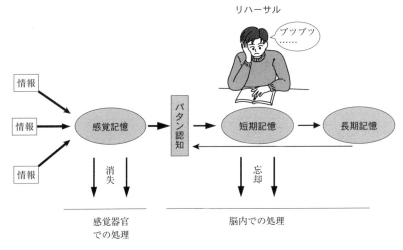

図5-2　二重貯蔵モデルによる記憶構造の概念図

外界から入力された情報は目や耳などの感覚器官で一時的に保持される。これを感覚記憶という。それらのほとんどの情報はそこで消失するが，一部の情報には注意が向けられ，パタン認知によって処理される。そして，短期記憶によって短時間，保持される。短期記憶ではリハーサルという作業をしなければ情報はそこで忘却される。しかし，十分にリハーサルされた情報は長期記憶へと転送され，永続的に保持される。

は短期記憶のための貯蔵庫と長期記憶のための貯蔵庫が別々に存在することになる。その証拠が**系列位置効果**（serial position effect）に関する実験から報告されている。たとえば，20個の単語を1つずつ被験者に提示し，それを記銘させた後，自由再生させる。そのときの正答率を系列内の位置との関係で示すと，系列初頭部と系列終末部での正答率が高くなる（図5-3A参照）。このような現象を系列位置効果といい，初頭部の正答率が高くなる効果を**初頭効果**（primacy effect），新近部の正答率が高くなる効果を**新近性効果**（recency effect）という。自由再生テストは，通常，単語の提示がすべて終わった直後に開始する。しかし，自由再生テストの開始を30秒ほど遅らせると，新近性効果だけが低下する（すなわち，リスト新近部の正答率だけが低くなる：図5-3B参照）。また，項目の提示速度を遅くすると，こんどは初頭効果だけが高くなる（すなわち，リスト初頭部の正答率だけが高くなる：図5-3B参照）。もし，記憶構造が単一のシステムであるならば，記憶に影響を与える何らか

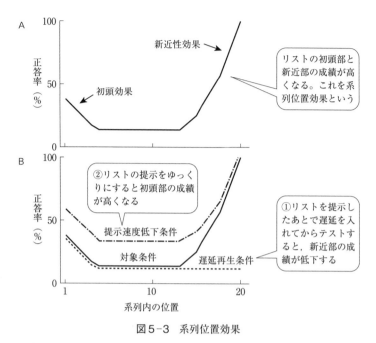

図5-3 系列位置効果

20個の単語を記銘させた直後に自由再生により20個の単語を想起させると，Aの
ような結果が得られる。このとき，自由再生の開始を遅延させるとリストの新近部
の成績だけが低下する（B①）。また，20個の単語の提示速度をゆっくりにすると，
リストの初頭部の成績だけが高くなる（B②）。

の処置は，記憶成績の全体に影響を与えるだろうと予想される。ところが，
系列位置効果の実験では，ある場合には初頭効果のようにリストの前半部
（初頭部）だけが影響を受け，またある場合には新近性効果のようにリストの
後半部（新近部）だけが影響を受ける。このことは，リストの初頭部と新近
部とが，異なる記憶の構造により支配されていることを示唆している。すな
わち，記憶構造は単一のシステムなのではなく，むしろ2つ以上の構造体か
ら形成されていることを証明していることになる。このような証拠により，
記憶の二重貯蔵モデルは支持されてきた。

3. 感覚記憶とパタン認知

1）感 覚 記 憶

　先にも述べたように，記憶される情報は，最初は目や耳などの感覚器官から私たちの情報処理システムに入ってくる。感覚記憶とは，それぞれの感覚器官においてごく短時間であるが，情報が保持されるようなタイプの記憶のことをさしている。

　感覚記憶の特徴の一つは，有意味化される以前の，刺激の物理的特性に関する情報が保持されるということである。たとえば，「A」を見ると，私たちはそれがアルファベットの「エイ」であることが容易にわかる。アルファベットの「エイ」であることがわかるまでに，通常はほとんど時間がかからない。しかし，このときの脳内における処理の様子をまるでスローモーションでも見ているかのように分解していくと，「A」を提示されたけれども，まだそれがアルファベットの「エイ」であるとはわからない瞬間が一番最初にある。そして，脳内で何らかの認知的処理が行われ，はじめて「A」が「エイ」であると認識される瞬間がおとずれる。これが有意味化という処理である。感覚記憶では，言葉や単語などが有意味化される前の段階の情報が保持される。具体的には，「A」は，「／」と「＼」と「－」という3本の直線から構成される単なる物理的特性に関する情報として保持されると考えられる。このように，ほんの短時間であるが有意味化される前の段階の物理的特性に関する情報が感覚器官で保持されることを感覚記憶という。ちなみに，「A」が「エイ」であると認識される有意味化の過程に関わる認知処理が，このあとで説明するパタン認知である。

　スパーリングはアルファベット9文字を3×3のマトリクス状に配列し，これを被験者に50ミリ秒提示した（図5-4；1秒は1000ミリ秒）。その直後に，できるだけ多くのアルファベットを再生するように被験者にもとめる条件（**全体報告**：whole report）では，平均して4文字ないし5文字が再生された。

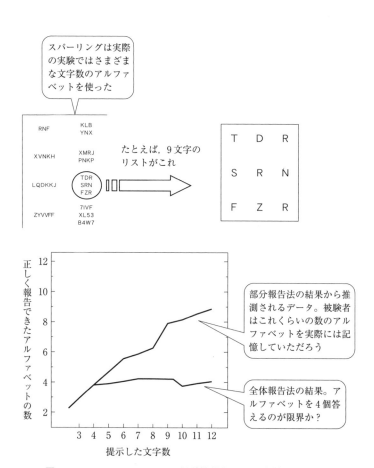

図5-4　スパーリングによる視覚情報を用いた感覚記憶の実験

9つのアルファベットを短時間提示した。テストの方法には2種類あり，1つは全体報告法によるテスト，もう1つは部分報告法によるテストであった。前者では9つすべての再生をもとめたのに対し，後者では音刺激で合図された行にあった3つの文字の再生をもとめた。それらの結果に基づき，いったい9つのアルファベットのうち何文字が利用可能であったのかを推定して算出した結果がグラフに示されている。

一方，文字の提示直後に高い音，中間の高さの音，低い音のどれかを提示することで，マトリクスの特定の行を指示し，指示した行に書かれた3文字を再生させる条件（**部分報告**：partial report）では，どの行を指示した場合でも，ほぼ3文字すべてが再生された（Sperling, 1960）。どの行をテストしてもだい

たいすべての文字（3文字）が再生されたということは，刺激の提示直後には，最初に提示されたほぼすべての文字（9文字）が記憶されていたことを意味する。つまり，感覚記憶は9文字を超える情報を一時的に保持できるのである。

ところが，部分報告条件で音の提示をたった1秒であるが，遅らせる。すると，再生成績が急落し，全体報告条件で再生させたグループとほとんど変わらなくなる。このことから，感覚記憶はわずか1秒で消失するということが推測できるのである。

2）パタン認知

感覚器官から入った視覚情報や聴覚情報は，感覚記憶で短時間保持される。しかし，感覚器官で保持された情報も，そのほとんどはそこで消失してしまう。ただ，私たちが注意を向けた情報については，別である。私たちが注意を向けた情報はパタン認知による処理を受け，もう少し長い時間記憶していることができる。

感覚記憶のところで述べたように，感覚記憶の特徴の1つは，刺激の物理的特性に関する情報が保持されるということである。この段階では，まだ，刺激が何であるのか，刺激の意味は何かについて，私たちはわからないまま情報を保持している。パタン認知は，感覚器官から入った外界の刺激情報が何であるのか，あるいはその刺激の意味が何であるかを認識する過程をさす。たとえば，3本の直線から構成される図形を，アルファベットの「エイ」として認識する処理は，まさにパタン認知の働きを表している。では，いったい私たちはどのような仕組みでパタン認知を行っているのだろうか。

その1つの仮説が**鋳型照合**（template matching）仮説である。この仮説では，私たちの知識（長期記憶を想定している）の中にあらゆる文字刺激のテンプレート（鋳型）が保存されていると仮定する。そして，目の前に現れた実際の文字刺激と，知識の中にあるテンプレートとが照らし合わされて，目の前の文字刺激が何であるのかを認知するのだと説明する。

もう1つの仮説である**特徴分析**（feature analysis）仮説は，目の前に現れた

文字刺激をいくつかの特徴の寄せ集めであるとみなす。たとえば，「A」は「/」「\」「ー」という3つの特徴の寄せ集めと考える。一方，知識内にはあらゆる文字刺激の特徴のリストが蓄積されていて，目の前の刺激に含まれる特徴が，知識内の特徴リストと照合される。知識内の特徴リストの中で「/」と「\」と「ー」をもつ文字であることが分析されると，その文字はアルファベットの「A」であろうと推測され，目の前の文字刺激「A」が「エイ」であると判断する。

　鋳型照合と特徴分析のいずれの仮説も，入力された刺激を認識するための作業の過程で知識（長期記憶）に保存されている情報を参照するという共通点がある。パタン認知の過程で文字として，あるいは図形として認識された刺激は，短期記憶に転送される。

4. 短 期 記 憶

1）短期記憶からの忘却

　私たちが1日のうちに処理する情報の量は膨大である。新聞を読んだり，テレビを見たり，友人と会話をしたりしているときにも，短期記憶には常に新しい情報が入力されている。しかし，それらの入力された情報は，いつまでも短期記憶にとどまっているわけではない。一部の情報は長期記憶に転送されて知識として永続的に保持されるが，そのほかのほとんどの情報はそのまま短期記憶から失われてしまう。これが**忘却**だ。では，いったい忘却はどのようにして生じるのだろうか。

　ピーターソン夫妻（Peterson & Peterson, 1959）は3つの子音からなる文字列（たとえばPSQ）を1つだけ被験者に記銘させた（図5-5）。そして，一定の保持時間の後にそれを再生させた。再生の合図を出すまでの保持時間の間，被験者がリハーサルをできないようにするために，3ケタの数字を提示して，その数字から3の引き算を続けさせた。すると，記銘後3秒から18秒の間に正答率は急速に低下し，18秒後の正答率は10%以下となった（図5-5）。

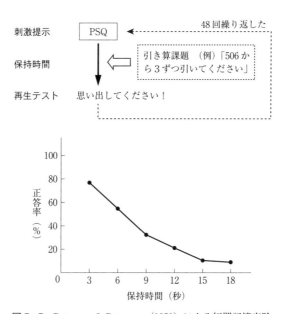

図5-5　Peterson & Peterson（1959）による短期記憶実験

3文字からなる無意味綴りを提示し，一定時間後に再生させる。ただし，保持時間の間は引き算課題が課される。この手続きにより，被験者は保持時間中のリハーサルが困難になると予想される。実験の結果，保持時間が長くなるにしたがって正答率が低下し，18秒の保持時間で正答率が10%程度にまで低下することがわかった。

　ピーターソン夫妻の実験は，忘却が時間経過に伴う記憶痕跡の崩壊によって引き起こされるという**記憶痕跡の崩壊説**（decay theory）を支持している。言い換えるならば，記憶というのは時間とともに失われていくという考え方である。

　一方，新しいことがらを覚えたときに，それ以前に覚えたことがらや，それよりもあとで覚えたことがらが妨害して忘却が引き起こされるという仮説を**干渉説**（interference theory）という。先に覚えていたことが，後に覚えたことを妨害することを**順向抑制**（proactive inhibition），それとは逆に，あとから覚えたことが，先に覚えていたことを妨害することを**逆向抑制**（retroactive inhibition）という。ケッペルとアンダーウッド（Keppel & Underwood, 1962）は

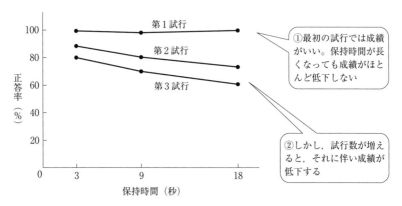

ピーターソン夫妻と同様の実験を行ったが，文字列を毎回違うものに変えな
がら48回の試行を被験者に課したピーターソン夫妻の実験とは異なり，被
験者にはわずか3試行だけ実験に参加させた。ケッペルとアンダーウッドは，
3試行の結果を，試行ごとに別々に分析したところ，図5-6に示したように，
第1試行では時間の経過に伴う正答率の低下がほとんど見られなかった。と
ころが，第2試行，第3試行と，試行数が増加するにしたがって，特に長い
保持時間での正答率の低下が大きくなった。この結果は，忘却が時間経過に
よって引き起こされることを仮定した崩壊説を否定するとともに（第1試行
では時間経過とともに忘却が生じていない），忘却が順向抑制によって引き起こさ
れていることを仮定した干渉説を支持している（試行数の増加とともに忘却が引
き起こされている）。

　干渉は記銘材料の類似性による影響を受ける。たとえば，3つの子音から
なる文字系列を記銘材料としたリストを作り，記銘させてから再生させる。
このプロセスを別のリストを使ってさらに3回繰り返す。すると，回数を重
ねるにしたがってテストの成績は徐々に悪くなる。しかし，その後で記銘材
料を3ケタ数字に変更すると，成績は再び上昇する。このような現象を**順向
抑制からの解除**（release from proactive inhibition）という。

2) 短期記憶の容量

　短期記憶の容量には限界がある。たとえば，1ケタの数字を1秒に1つずつ提示し，提示直後に再生を求めると，項目数が7になったときに正答率がおよそ50%になる。このことから，短期記憶の容量は平均すると約7項目だといわれている。ミラー（Miller, 1956）はこれを「不思議な数，7±2」という論文で発表した。短期記憶で保持することができる項目数の制約のことを**直接記憶範囲**（immediate memory span）という。

　私たちは平均すると一度に7項目しか記憶できないのに，時として，驚くほどたくさんの情報を一度に記憶する人がいる。たとえば，数十ケタの数字を一度に記憶したり，囲碁における碁石や将棋における駒の配列を瞬時に記憶する特技をもつ人たちである。彼らの直接記憶範囲は私たちとは違うのだろうか。

　直接記憶範囲は平均すると7項目だが，それは，7ケタの数字や7つの文字しか記憶できないということではない。個々の数字や文字を結びつけることによって大きなまとまりを作ることができれば，そのまとまりを1つの項目として処理することができるのである。仮に，1・1・0・1・1・9という6つの数字を覚えるときに，それぞれをばらばらに覚えるのではなく，110と119というように，2つのまとまりとしてとらえることができれば，2項目の情報として処理することができるのである。そのようなまとまりのことを**チャンク**（chunk）という。大きなチャンクを作ることができれば，見かけ上は大量の情報を保持することが可能になる。

3) 短期記憶からワーキングメモリへ

　ここまでは，二重貯蔵モデルの考え方にしたがって記憶の構造を説明してきた。二重貯蔵モデルにおける短期記憶の役割とは，情報が一時的に保存され，さらに長期記憶へと転送されるための通過点に過ぎなかった。

　それに対して，一時的に保存された情報というのは，思考や会話や読書などの認知作業の過程でもっとアクティブに利用されているだろうという考え方がある。たとえば読書の過程を考えてみる。私たちは活字に目を通しなが

ら，その内容を刻々と理解しているだけの単純作業が読書であるかのように想像する。しかし，実際に読書をしている最中の認知活動は非常に複雑である。まず，目から活字が入力される。その情報は脳に伝わり，その活字がどんな文字であるのか認識される。さらに言葉としてどのような意味を表しているのかを理解するために，長期記憶に保存されている言葉に関する知識と比較・照合される。これはパタン認知の作業である。こうやって，いま，読んでいる箇所の意味を理解していくのと同時に，ほんの少し前に読んだ箇所の内容に関する記憶と照らし合わせて，物語が全体的にどのように進行しているのかを把握する。その間にも，目はさらに先の活字の情報を入力していて，今度はその活字情報がパタン認知による処理を受ける。このような作業の連続である。

　このように，私たちは短時間の間，記憶に情報をとどめながら，その情報を積極的に利用しているのである。こうした一時的な記憶は，単なる情報の通過点というよりは，むしろ積極的な認知あるいは思考の過程であると考えられる。このような作業を実行している構造としてバドリとヒッチ（Baddeley & Hitch, 1974）は**ワーキングメモリ**（working memory）というモデル（図5-7）を提案した。

　モデルの中心は**中央実行系**（central executive）とよばれる。中央実行系は**音韻ループ**（phonological loop）と**視空間メモ帳**（visuo-spatial scratch-pad）とよばれる2つの下位システムを制御する。音韻ループはその名の通り，音に関する情報を一時的に保持する。先に説明したリハーサルによる情報の保持などは，ここで行われている。視空間メモ帳は視覚的な情報やイメージ，あるいは空間的な情報を保持する。中央実行系は，2つの下位システムとは異なり，記憶情報を保持しない。むしろ，注意を制御したり，2つの下位システムを制御したり，あるいは長期記憶との情報のやりとりを行うシステムである。

4）ワーキングメモリの証明

　ワーキングメモリのモデルは，先に述べたように複数の要素から構成され

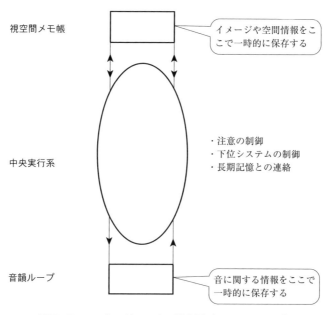

視空間メモ帳　□　イメージや空間情報をこ
こで一時的に保存する

中央実行系　・注意の制御
・下位システムの制御
・長期記憶との連絡

音韻ループ　□　音に関する情報をここで
一時的に保存する

図5-7　ワーキングメモリの概念図（Baddeley, 1986）

モデルの中心である中央実行系は2つの下位システムを制御すると同時に，
注意を制御したり，長期記憶との情報のやりとりを行っている。

ている。そのことが正しいということが，**二重課題法**（dual task technique）
とよばれる方法を用いた実験で調べられている。

　二重課題法とは，文字通り，被験者に2つの課題を同時に課す実験方法で
ある。もし，ワーキングメモリが単一の構造だとするならば，ある課題を遂
行するためにワーキングメモリの処理能力が限界に達していた場合，さらに
もう1つ別の課題を遂行することは困難だと考えられる。

　バドリ（Baddeley, 1986）は次のような2つの課題を被験者に課した。1つ
は数字の記憶実験である。8ケタまでの数字を提示し，それを順序通りに再
生させた。先の直接記憶範囲のところでも説明したように，人は平均して7
項目前後を覚えることができる。8項目を提示した場合には，ワーキングメ
モリの処理能力は限界に達していると予想されるのである。

　もう1つの課題は，文の真偽判断課題である。「A」と「B」の2つの文字

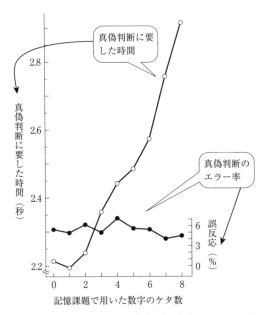

図5-8 二重課題法による実験の結果（Baddeley, 1986）

被験者には数字を用いた記憶課題と，文章の真偽判断課題
を同時に課した。その結果，記憶課題で用いた数字のケタ
数が大きくなると，真偽判断課題の遂行に要する時間が長
くなった。しかし，エラー数には変化がなかった。

の順序について述べた文と，文末に示した「A」と「B」の位置関係が正し
いかどうかを判断させた。たとえば，

       A is not followed by B. ……   AB

この場合の AB は，文の内容と不一致であるので，被験者は「正しくな
い」と答えなければならない。

実験の結果，記憶課題で用いた数字のケタ数が大きくなると真偽判断課題
の遂行に要する時間は確かに長くなった。しかし，真偽判断課題のエラーが
増えることはなかったのだ。仮に脳内に認知的な活動をするためのスペース
があったとして，記憶処理に要するスペースが限界（約7ケタ分のスペース）
まで使われていたとしても，それとは独立して判断課題を遂行するためのス
ペースが存在することを，この実験結果は示している。すなわち，ワーキン

グメモリのモデルで仮定されているように，独立して機能する複数の構成要素からワーキングメモリが構成されていることが明らかになった。

5. 長 期 記 憶

1）長期記憶からの忘却

　実験的記憶研究の創始者といわれるエビングハウス（Ebbinghaus, 1885）は，自らを被験対象として，**無意味綴り**（nonsense syllable）のリストを一定基準に到達するまで学習した。そして，一定時間が過ぎた後で，再び同じリストを同じ基準に到達するまで学習する場合に，どのくらいの時間（または試行数）を節約できるのかを**節約率**（saving rate）として算出した（節約率＝（（最初の学習に要した時間－再学習に要した時間）／最初の学習に要した時間）×100）。学習した内容が保持されていれば節約率は大きくなる。実験の結果，記銘後約20分で節約率は約58％に，1日後には約33％まで低下した。エビングハウス

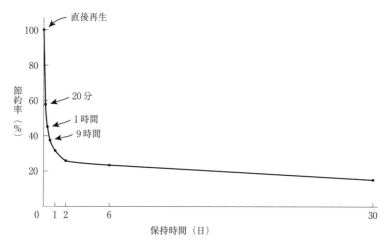

図5-9　エビングハウスの忘却曲線（Ebbinghaus, 1885）

無意味綴りのリストを一定の基準に達するまで学習し，再び同じ基準に到達するまで同じリストを（再）学習した。その際，どのくらいの時間が節約（短縮）できたのかを節約率として算出した。20分後では節約率が約58%，1日後では約33%にまで低下した。

が示した，節約率を保持時間の関数として示したグラフ（図5-9）を**忘却曲線**（forgetting curve）という。

　長期記憶において忘却が生じる要因の1つは干渉である。被験者に無意味綴りを記憶させたあと，眠った場合と起きていた場合とでは，眠った場合の方が記憶成績は高い。起きている間に起こるさまざまな経験の記憶が保持情報の想起に妨害的に働くのである。

　別の実験（Barnes & Underwood, 1959）では，**対連合学習**（paired-associate learning）とよばれる課題が用いられた。対連合学習とは，"dog－いぬ"というように，2つの項目を結びつけて記憶する学習である。2つの項目のうち，一方を手がかりとして与え，残りのもう一方の項目を答えさせる。はじめに，8つの対からなるリスト（A-Bリスト）を十分に学習させ，次に，対の一方だけが異なる新しいリスト（A-Cリスト）を学習させる。保持テストとしてAと結びついた2つの語（BとC）を答えさせると，A-Cリストの学習回数が少ない場合にはBの回答率は高いが，A-Cリストの学習回数が多い場合にはBの成績は低くなる。A-Bリストの記憶がA-Cリストの学習回数によって影響を受けることから，逆向抑制が長期記憶における忘却の要因として働いていることがわかる。また，A-Bリストの記憶がA-Cリストの学習により影響を受ける過程を，A-Bの結びつきがA-Cの学習中に弱まる過程とみなし，条件づけにおける消去という観点から長期記憶における忘却が説明されることがある（**学習解消**：unlearning）。

　どうしても思い出せないことがらでも，ヒントを与えられると，簡単に思い出せることがある。タルヴィングとソトカ（Tulving & Psotka, 1971）は被験者に24の単語からなるリストを複数覚えさせ，すべての単語を自由に再生させた。その結果，最初に学習したリストほど再生成績が悪く，あとで学習したリストほど再生成績がよかった。この結果もまた，逆向抑制が長期記憶からの忘却を引き起こすことを示しているが，その後で，単語が属するカテゴリ名を手がかりとして与えたところ，すべてのリストの再生成績が上昇した。

　タルヴィングらの実験は，再生時に思い出せなかった項目が，頭の中から消失したわけではないことを示している。思い出すときに適切な手がかりが

なかったために，記憶したはずの情報を利用することができなかったのである。このように，長期記憶からの忘却は，主として貯蔵されている情報を想起するのに失敗すること（**検索の失敗**：retrieval failure）によって引き起こされる。

2）長期記憶の分類

（1） 意味記憶とエピソード記憶

　長期記憶に保持されている情報はさまざまである。友人の名前や顔，言葉の意味や使い方，社会常識，個人的なできごとなど，その人の内的な世界を構築しているあらゆる情報が保持されている。それらの情報は，私たちが何かを考えたり，問題を解決する際の材料となる。

　タルヴィングは，保持される情報の性質から長期記憶を2つに分類することを提案している。1つは**意味記憶**（semantic memory）とよばれ，ものごとの一般的知識，言葉の意味・使い方，常識など，多くの人々にとって共通する知識をたくわえている。もう1つは**エピソード記憶**（episodic memory）とよばれ，あるとき，ある場所で経験した個人的できごとについての記憶である。脳損傷患者に意味記憶またはエピソード記憶のどちらか一方の障害を強く示す症例が報告されており，意味記憶とエピソード記憶という分類が神経生理学的データからも裏づけられている。

　意味記憶とエピソード記憶は，いずれも言葉によってその内容を記述することができるという共通の特徴がある。そのような意味で，これらの記憶を**宣言的記憶**（declarative memory）とよぶことがある。一方，宣言的記憶とは異なり，言葉では表現しにくい技能に関する記憶がある。たとえば，自転車に乗る方法などは，「サドルにまたがって，ペダルを踏み，まっすぐ前に進む」ことまでは言葉でも表現できるが，それ以上の細かいことはなかなか言葉で説明することは難しい。このような技能に関する記憶のことを**手続き的記憶**（procedural memory）という。

（2） 意味記憶の構造

　意味記憶の研究で重要なテーマの1つは，意味情報が私たちの知識の中でどのように貯蔵されているのかという問題である。私たちの知識構造の中で

意味情報がどのように貯蔵されているのかを考える上で重要な手がかりを与えてくれたモデルの1つに，コリンズとキリアン（Collins & Quillian, 1969）による**階層的ネットワークモデル**（hierarchical-network model）がある。階層的ネットワークモデルは，概念が，上位概念，中位概念，下位概念という階層構造として成り立つと仮定している（図5-10A）。たとえば，動物を上位概念とした場合に，鳥は中位概念，カナリアやダチョウは下位概念として，それぞれ結びついている。すべての概念には，その概念に特徴的な特性の記述が付与されているが，複数の概念に共通する特性は，1つ上の概念に付与される。たとえば，「翼がある」という特性はカナリアという概念にも，ダチョウという概念にも共通するので，カナリアとダチョウの1つ上の概念である鳥という概念に付与されている。

　階層的ネットワークの妥当性を調べるために，コリンズとキリアンは文の真偽判断を用いた実験を行っている。たとえば，（A）「カナリアはさえずる」，あるいは，（B）「カナリアには皮膚がある」という文を被験者に提示し，それらの文が正しいか誤っているかを判断するまでに要する時間を測定した。（A）の「さえずる」という特性はカナリアに付与された特性であり，（B）の「皮膚がある」という特性は動物に付与された特性である。また，（A）も（B）もいずれも主語はカナリアである。したがって，（A）では「カナリア」と「さえずる」は図の中で非常に近い距離的関係にある。それに対して（B）では「カナリア」と「皮膚がある」は非常に離れている。このように，主語と述語が物理的に離れた位置関係にあるほど，判断には時間が長くかかるであろうと予想した。コリンズらの実験結果は，その予想と一致した（図5-10B）。

　その後，階層的ネットワークモデルは，コリンズとロフタス（Collins & Loftus, 1975）によって**意味的ネットワークモデル**（semantic network model）（図5-11）へと修正された。意味的ネットワークの特徴は，概念が階層構造によってではなく，意味的関連性に基づいてネットワーク構造をなしているということである。概念間の結びつきは，その2つの概念の間の意味的関連性が高いほど強く結びついている。

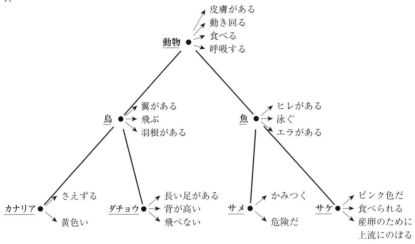

B

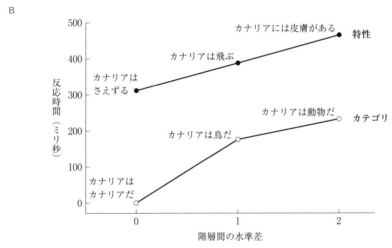

図5-10　階層的ネットワークモデルの概念図

A　コリンズとキリアンが考えた意味記憶の構造。
B　文の真偽判断課題において，主語と述語の階層間の水準差（A参照）が反応時間に及ぼした影響。

　　また，このモデルのもう1つの特徴は，**活性化の拡散**（spreading activation）ということである。たとえば，「自動車」という言葉が提示されたとすると，私たちの知識の中では「自動車」という概念の活性化が高まる。それと同時

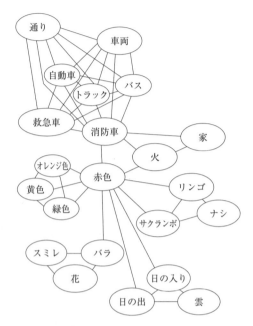

図5-11　意味的ネットワークモデルの概念図
（Collins & Loftus, 1975）

コリンズとロフタスは，意味的に関連のある概念がリンクで結びつけられ，意味的関連性に基づくネットワーク構造をなしていると考えた。概念間の結びつきは，それらの概念の意味的関連性が強いほど強く結びついている。

に，「自動車」とリンクする他の概念，たとえば「消防車」や「救急車」，あるいは「バス」などという概念にも活性化が広がるかもしれない。その結果，たとえば「救急車」という言葉を提示すると，事前に「自動車」を提示したことで「救急車」という言葉の活性レベルが高まっているために，事前に「自動車」を提示しなかった場合に比べて「救急車」という言葉を認識するのに要する時間が短くなる。これを**プライミング効果**（priming effect；特にこの場合のプライミング効果を意味的プライミング効果）という。

3）顕在記憶と潜在記憶

　私たちが試験を受けるときには，試験勉強をしながらできるだけたくさん

の情報を頭につめこみ，いざ，試験にのぞむときには覚えたことをできるだけたくさん思い出そうとする。つまり，意識的に思い出そうとするわけである。また，これまで述べてきたような記憶に関する研究場面では，被験者に記銘材料を記銘してもらい，実験者の指示にしたがって，それらを思い出してもらう。これもまた，意識的な想起が関わっている。以上のような意識的な想起を伴う記憶のことを，**顕在記憶**（explicit memory）という。

　ところが，日常生活の中では，確かに記憶した情報を利用しているのであるが，意識的に思い出しているという実感を伴わない記憶がある。たとえば，車を運転するときには，いちいち，どれがアクセルで，ウインカーはどれで，など思い出すという努力を意識的には行わない。また，友人と会話をするときも同じである。会話をするときに，言葉の正しい使い方などを意識的に思い出しながら言葉を発するわけではない。このように，思い出すという意識を伴わない記憶のことを**潜在記憶**（implicit memory）という。

　潜在記憶をテストする場合には，単語完成課題とよばれる方法を使うことがある。被験者に部分的に文字の抜けた不完全な単語，たとえば「し○り○く」を提示し，その空白をうめてもらう。このとき，実験条件では，事前にプライムとして「しんりがく」を提示しておくが，統制条件では事前に何も提示しない。実験の結果，実験条件の正答率が高くなるが，これは事前に提示されたプライムが被験者の記憶に残っているからと考えられる。ただし，事前のプライムの提示では，被験者にそれを記憶するようにという教示は一切ない。また，事前に提示されたプライムが単語完成課題の遂行に有効であるとの教示も与えられない。したがって，被験者はプライムを意図的に思い出そうとすることがないはず，というのが単語完成課題の目論見である。実験条件における正答率が高くなる現象もプライミング効果の一種であるが，このときのプライミング効果は前出の意味的プライミング効果とは区別し，**直接プライミング効果**（direct priming effect）とよばれている。

6. 記憶の変容

　記銘された情報は短期記憶や長期記憶で保持される。それらの情報は必要なときに思い出せる場合もあれば，逆に思い出すことができない場合もあるというのがここまでに紹介してきた記憶の流れである。実は記銘された情報は，「思い出せる場合」，「思い出せない場合」のほかに，「その内容が変化して思い出される場合」がある。これを**記憶の変容**（memory distortion）とよぶ。

　記憶の変容に関するもっとも初期の代表的な研究として，バートレット（Bartlett, 1932）が行った物語文の記憶の変容に関する研究がある（詳細は6章，4．スキーマ，2）バートレットの古典的実験，を参照）。彼はイギリス人の大学生に対し，北アメリカ地域の民話を読ませ，一定の時間間隔をおいて繰り返し物語文を再生させた。その結果，被験者は物語文を正確に思い出すことはできず，内容が省略されたり，別の言葉に置き換わったり，話の筋道が変わるなど，被験者が聞かされたはずの物語文が何らかの形で変化することを報告した。バートレットによると，一度記銘した情報を私たちが思い出す場合，過去の様々な経験によって身につけてきた知識（これをスキーマという，6章参照）に影響を受け，想起内容が変容するという。

　記憶の変容に関する近年のトピックとしては，**目撃証言**（eyewitness testimony）に関する研究がある。事件や事故などの目撃者の記憶が果たして正確なのか，目撃者の記憶はどのような条件によって変容してしまうのかなど，研究されてきた。

　ロフタスら（Loftus, Miller, & Burns, 1978）は，目撃証言に及ぼす事後情報の影響を調べる研究を行った。被験者にビデオやスライド写真を提示し，あとでその内容に関する記憶テストを行う。記憶テストを行う前に，ビデオやスライド写真に関する情報を言語的に被験者に与えたが，このときビデオやスライド写真と異なる情報（誤情報）を与えると，被験者はそれに影響を受け，実際には見ていないにもかかわらず，誤情報に含まれた内容を，ビデオやス

ライドの中で目撃したと答えてしまう。これを**誤情報効果**（misinformation effect）という。ロフタスは，あとから与えられる情報によってオリジナルの情報が書き換えられる可能性を指摘した。

6章

認　　　知

　認知 (cognition) とは，おおまかには，私たちを取り巻く環境について知る活動だということができる。日常での「知る」という活動を考えてみると，認知という言葉がさまざまな側面を含んでいることに気がつくだろう。たとえば，子どもが何か新奇な事物を目にしたときには，それがどのような形でどのような色をしているのかを知るだけでなく，それが何という名前でどんなものなのか，それが見覚えのあるものなのかどうか，手で触ると危ないものなのかどうかなど，その事物について多くのことを知りたがるだろう。そして，自分でいろいろと調べてみたり，そばにいる大人が教えてあげたりして，その子どもは新しい知識を獲得することになる。このように，認知という働きは広範囲な知的活動をさしており，その中には，感覚，知覚，記憶，学習，思考，言語などさまざまな働きが含まれる。

　1960 年代から盛んになりはじめた認知心理学 (cognitive psychology) では，情報処理 (information processing) の視点を取り入れて，人間の認知過程を，外界から情報を受け取り，それらを情報処理に必要な符号に変換し，操作し，貯蔵し，また必要に応じてそれらを検索するなどの一連の過程とみなしている。そして，この認知過程を行動実験によって明らかにしようとしている。さらに，近年では，脳内活動を計測するさまざまな測定装置を駆使して，認知過程を脳内の神経レベルで解明しようとする認知神経科学 (cognitive neuroscience) が隆盛を極めている。

1. 概　　　念

1) 分類すること

　私たちを取り巻く環境は刺激の変化に満ち溢れている。そのため，鋭敏な弁別機能を十分に活用してこのような環境に適応しようとするなら，たちまちのうちに，目まぐるしい外界の変化に圧倒され，入ってくる刺激への対応に四六時中追われてしまうに違いない。しかし，実際には私たちはこうした事態を経験することはほとんどないだろう。では，どのようにして私たちは環境を認知し，それへの適応を図っているのであろうか。

　普段，私たちが何かを認知するときに最初にすることは，その対象に名前を与えることである。皆さんは，いま手にとっているものを見れば，それに本という名前を与えて呼ぶだろう。このような反応は，それを認めることだけに用意された個別の反応ではあるまい。書棚には大きさも色も形も違ったさまざまなものが並んでいるが，私たちは，それらを同じく本と呼んでいる。あるものを本として認めることとは，それを「本」という言語的なラベルがついたグループの中に入れることである。このように，ある事物と別のある事物とが明らかに違っていても，それらが同じグループの中に入るのであれば，私たちは，それらを区別しないで，同じものとしてみなし，同じように反応するのである。こうした行動に深く関わっている認知機能が**カテゴリ化**（範疇化：categorization）である。いろいろな事物がカテゴリ化によって1つのグループにまとめられるならば，それらの事物の集まりは**カテゴリ**（category）とよばれる。日常，私たちがいろいろな事物をある特定のカテゴリに分類できるのは，それらの事物の間に共通する特徴を知識としてもっており，この知識に基づいて事物をカテゴリ化しているからにほかならない。ここでは，この共通性についての知識を**概念**（concept）とよんでみる。

　カテゴリ構造は階層的である。柴犬，秋田犬といった具体的なカテゴリが包括されて抽象度の高い「犬」というカテゴリとなり，犬，猫といったカテ

ゴリが包括されてさらに抽象度の高い「動物」カテゴリとなる。こうした階層的カテゴリ構造には，対象をもっとも包括的に分類しやすいカテゴリ・レベルがあり，それを基本カテゴリという（Rosch, Mervis, Gray, Johnson, & Boyes-Braem, 1976）。上述の例でいえば，「犬」が基本カテゴリとなる。多くの人にとっては，街中で犬の散歩をしている人を見かければ，連れている対象は「犬」であり，秋田犬とか動物とかというように捉えることはないだろう。

　私たちが日常生活で接するさまざまな事物や事象は1つひとつ固有のものであり，1つとして同じものはない。月といっても，三日月，半月，満月と姿形は日によって変わる。しかし，私たちは概念を使うことによってそれらをカテゴリ化し，自分を取り巻く千変万化する複雑な環境を整理し秩序立ったものとして認知する。私たちが，個々の事物や事象についてカテゴリ化できれば，扱うべき情報の量は低減し，学習，記憶，思考，コミュニケーションなどさまざまな認知的活動の効率性は飛躍的に向上する。新たな事物・事象も既存のカテゴリに分類されれば，私たちは，それらについて推論できて，適切に対応できるようにもなる。概念やカテゴリは環境認知の素材となるのである。

2）概念学習と仮説検証

　概念やカテゴリはどのようにして獲得されるのだろうか。**概念学習**（concept learning）について考えてみよう。私たちは，さまざまな事物（概念研究では事例という）に対して，ある事物がどのカテゴリに入るのか，あるいは入らないのかの判断を積み重ねながら，カテゴリに入る事物の間に共通する特徴を見つけ出し，概念を獲得してきた。概念学習の実験では個々の事例にあたるものとして，形や色や大きさなどの属性をいろいろと変化させた多数の刺激図形を用意しておき，実験者はこれらの中からいくつかの刺激図形にあてはまる規則を1つだけ決めて，この規則を概念とみなしておく。被験者は，刺激図形を分類する規則がどのようなものであるかを教えられることはない。その代わり，個々の刺激図形が規則にあてはまる図形なのかそうでないのかを実験者から教えられる。このような作業を通して，被験者にその規

則を発見させる。このような学習は**概念達成**（concept attainment）とよばれる。

　概念学習の研究の中でよく知られているブルーナーら（Bruner, Goodnow, & Austine, 1956）の実験を見てみよう。図6-1は彼らの実験で用いられた刺激カードを示している。これらは，カードの枠の本数（1，2，3本），カードに描かれている図形の種類（円，四角，十字形），図形の数（1，2，3個），図形の色（緑，黒，赤）の4種類の属性（次元）について，それぞれ3通りに変化するように作られている。そして，「黒い図形のあるカードすべて」とか「枠の数2本で黒い円のあるカードすべて」のような分類規則を概念とした。この種の概念は人工概念とよばれる。ブルーナーらはこのような刺激カードを使って，連言型の概念（例：赤い色で円図形のカード）や選言型の概念（例：赤い色か円図形のついているカード）といった概念の型や，刺激カードの提示方法など，さまざまな条件を設けて概念達成の過程を調べた。たとえば事例選択方式で学習させる条件では，被験者に，並べてあるカードの中から1枚のカードを自由に選んでもらい，それが概念にあてはまる正事例か，あてはまらない負事例かのどちらかに分類させ，もし，そのとき予想している概念があれ

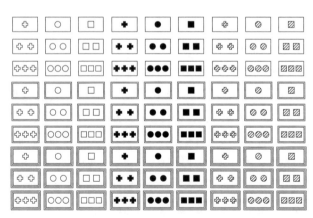

図6-1　ブルーナーらが概念達成の実験に用いた刺激図形（Bruner, et al., 1956）

各刺激カードは4つの属性（図形の形，図形の数，図形の色，枠の本数）をもち，各属性について3つの値のうちどれか1つをとる。なお，図形の色属性がとる値について，図中では，カードの図形が白抜きとなっているものは緑，それが斜線となっているものは赤を表している。

ばそれを報告させた。そして，実験者はこの分類が正しいかどうかを被験者に教えた。こうした手続きで，被験者は想定されている規則に基づいて，カードを分類できるようになるまで続けていった。

　ブルーナーらがこの実験を通して着目したのは，概念達成の課題に取り組んでいるときの被験者の行動であった。そして彼らが見出したことは，被験者は概念についての仮説を立て，それが正しいかどうかを検証する仕方で概念を学習しているということであった。つまり，個別の事例から一般的な結論を導く**帰納推理**（inductive inference）による学習をしていた。

　被験者が示した**仮説検証**の方法を分析してみると，彼らはさまざまな**ストラテジー**（方略：strategy）を利用していた。たとえば，連言型の概念（例：赤円で枠3本）を事例選択方式で学習する場合では，次のような2つのストラテジーが主に使われていた。1つは**焦点維持法**（conservative-focusing strategy）とよばれるもので，これは，1つの正事例のカード（赤い円3個で枠3本）に注目し，その後，そのカードの属性を1つだけ変化させたカード（赤い円2個で枠3本）を次々と選んでいくようなストラテジーであった。もう1つは**継時走査法**（successive-scanning strategy）とよばれるもので，これは，仮説を一度に1つだけ取り上げて（図形の色が赤），それが正しいかどうかを試していき，続いて別の仮説を1つ取り上げ（図形の形が円）試していくようなストラテジーであった。

3) 自 然 概 念

　私たちが日常的に接している対象についての概念，たとえば「果物」や「魚」などは自然概念とよばれる。自然概念はその構造的な性質の点で，ブルーナーらの実験で用いられた人工概念とは異なっている。人工概念は事例間に共通する属性（特徴）によって明確に定義できるが，自然概念も同様であろうか。仮に，どの自然概念も属性によって明確に定義されるならば，自然概念のカテゴリにも明確な境界が存在することになる。また，自然概念を規定する定義に合致すると判断されたものがカテゴリの事例となるので，私たちはカテゴリに属するすべての事例を躊躇することなくカテゴリ判断でき

るはずである。すると，私たちは，少しも曖昧なところがない整然とカテゴリ化された環境を認知していることになろう。はたして実際はどうであろうか。

　では試しに，「本」という概念を定義するのに必要な属性を考えてみよう。本といっても，大きな本から小さな本までさまざまなものがありサイズで規定することはできない。本は紙だけでなく布や木で作られているものまであるので材質で規定することもできない。文字が印刷されているものには本だけでなく新聞やチラシもあり，文字が書かれていない絵本もある。このように，自然概念を明確に規定する属性を見つけ出すことははなはだ困難である。さらに，野菜と果物のカテゴリの境界が日常レベルでは曖昧であることから，自然概念には概念と概念との間の境界もそれほどはっきりとしていない。それでは，自然概念はどのような構造的性質をもつのだろうか。

　スズメ，ハト，ペンギン，ダチョウ，これらはすべて「鳥」の仲間であるが，これらを比べてみると，"鳥らしさ"にはずいぶんと違いがあることに気づくであろう。ロッシュ（Rosch, 1975）は，自然概念には，そのカテゴリに属する事例の間に，カテゴリの事例としてのあてはまりやすさに違いがあることを指摘した。各事例がもつカテゴリへのあてはまりやすさの程度は**典型性**（typicality）とよばれる。ロッシュの実験では，野菜，鳥，家具などさまざまなカテゴリの事例について，その典型性をアメリカの大学生に評定させた。たとえば，カナリアの鳥らしさはどのぐらいか，ペンギンの鳥らしさはどのぐらいか，といった仕方である。すると確かに，自然概念では，カテゴリ内の事例は典型的なものから非典型的なものまでさまざまな事例を含んでおり，人工概念とは異なり，これらの事例はカテゴリへの当てはまりやすさに違いがあった。表6-1には，ロッシュが調べたカテゴリのうちのいくつかについて，典型性の高い事例と低い事例を示している。

　また，ロッシュは，自然概念のカテゴリは**家族的類似**（family resemblance）の構造的性質をもつと指摘する（Rosch & Mervis, 1975）。前出の鳥の仲間を例にとれば，スズメとハトは，飛ぶ，枝にとまる，鳴くなどの特徴を共有するが，スズメとペンギンとでは羽毛をもつ程度しか特徴を共有せず，ペンギン

表6-1 カリフォルニアの大学生によるカテゴリの典型性評定（Rosch, 1975 より一部抜粋）

家具		果物		鳥		乗り物	
椅子	1.04 *	オレンジ	1.07	コマドリ	1.02	自動車	1.24
テーブル	1.10	バナナ	1.15	カナリア	1.42	オートバイ	1.65
本棚	2.15	スイカ	2.39	アホウドリ	2.80	ボート	2.75
花瓶	6.23	トマト	5.58	ハクチョウ	3.16	カヌー	4.01
灰皿	6.35	オリーブ	6.21	ペンギン	4.53	エレベーター	5.90

*各事例について7件法で評定させた結果。数値が低いほど典型性が高いことを示す。

となると，飛べないといった特異な特徴を有する。このように，事例間で共有する特徴がいろいろに異なっているような仕方でまとまっていることを家族的類似とよび，ロッシュは自然概念のカテゴリにはこのような性質をもっていると提唱したのであった。そして，典型性の高い事例ほど他の事例と共有する特徴を多くもつのに対して，典型性の低い事例は他の事例と共有する特徴はわずかであることも示した。

　自然概念がこうした性質をもつならば，私たちはある事物があるカテゴリにあてはまるかどうかを，何に基づいて判断しているのであろうか。1つの考え方としてプロトタイプ理論が提起されている。この理論では，カテゴリに属するいろいろな事例の平均的な像，つまり**プロトタイプ**（prototype）が経験を通して獲得されていると想定する。そして，プロトタイプとの比較を通して，事例がカテゴリに属するかどうかの判断をしていると考えている。

2. 言　　　語

1）言語の働き

　言語（language）はさまざまな役割を担っている。自分の考えや意思を相手に伝えたり，相手の考えや意思を理解したりするには，言語によるコミュニケーションが重要であろう。つまり，言語は他者とのコミュニケーションの道具として機能する。これは**外言**（external speech）とよばれる。言語は外

に向かって発せられるとは限らない。推論したり判断を下したり，さらには問題を解決するにも言語の使用は不可欠である。つまり，言語は思考の道具としても機能する。この場合は，自分自身の中で言語のやりとりがなされていることから，**内言**（inner speech）とよばれる。また，言語は事物や事象を代表させる機能をもつ。言葉は，通常何らかの概念と結びついているが，これは言語の代表機能を表す一例である。私たちは，行動を起こそうとしたり行動を中止しようとしたりするときには，言語を使って自分自身に命令し自己の行動を制御する。つまり，言語は行動を調整する機能ももっている。以下では，言語と認知的活動との関わりについて見ていく。

2）遅延反応の実験

　私たちが日常での多くの状況に適切に行動できるのは，言語のもつ代表機能が情報処理の効率性を高めてくれるからである。こうした問題の理解には，言語をもたない動物や，まだ言語を十分に活用できない子どもを対象とした実験が手がかりとなる。その1つが**遅延反応**（delayed reaction, delayed response）の実験である。たとえば，チンパンジーの目の前に色の異なるいくつかの容器を置いておく。実験者はそのチンパンジーが見ている目の前で，そのうちの1つの容器に食物（報酬）を入れ，それから，チンパンジーの目の前に衝立を置いてこれらの容器を見えなくしてしまう。遅延の時間（たとえば，3秒，10秒，30秒など）をおいて，この衝立を取り除き，チンパンジーに食物を入れた容器を選ばせるのであるが，実は遅延時間の間に実験者は容器の位置を変えてしまう。このような課題にうまく対処するには，チンパンジーは食物が入っている容器を表象する内部的な手がかり情報を自分自身で作り出し，その情報を遅延時間の間保持し，そして，テストのときにその手がかり情報を用いた選択行動をしなければならない。

　遅延反応は，いろいろな動物種，人間の子どもや大人などを対象に調べられている。それによると，図6-2に示すように，刺激の提示からテストまでに遅延をおいても正しく反応できる遅延時間の長さは動物種によって異なってくる。さらに，人間の大人であれば，選択肢を多くした複雑な遅延反

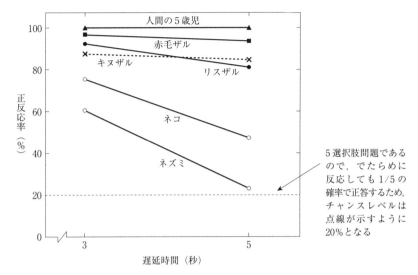

図6-2　いろいろな動物種間での遅延反応テストの比較（鹿取，1985を一部改変）

5個の容器を用いた遅延反応の実験をいろいろな動物種を用いて実施した結果を示している。

応事態でも正しく反応できる遅延時間はずっと長くなる。これは，大人の場合，遅延反応の実験事態に言語をうまく利用して効率的な対処ができるためである。

　スパイカー（Spiker, 1956）は言語の利用が遅延反応のテスト成績を高めることを明らかにした。この実験には年少児（3歳9ヶ月から4歳9ヶ月）と年長児（4歳10ヶ月から5歳6ヶ月）が参加し，それぞれの年齢群の子どもたちは半数ずつ命名群と弁別群の2つのグループに分けられた。命名群の子どもたちは遅延反応の実験の前に予備的な訓練を課された。この訓練では，2つの刺激図形（図6-3 A）を見て，それぞれの図形に別々の名前を連合させた（図6-3 B）。弁別群の子どもたちは，2つの刺激図形を見せて，それらが同じか違うかの弁別課題を行わせた（図6-3 B）。そのあと，すべての子どもたちは遅延反応の実験課題に参加した。この実験課題では，先ほどの刺激図形がつけてある箱を2つ用意し，それらのうち一方にコインを子どもの目の前で入れる。25秒の遅延時間をおいて，子どもにコインが入っている箱を選ばせた

A 刺激図形

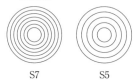

S7   S5

B 予備訓練（2つの刺激図形に対する反応を示す）

	S7–S5	S7–S7	S5–S5	S5–S7
命名群	ナナ　ゴ	ナナ　ナナ	ゴ　ゴ	ゴ　ナナ
弁別群	チガウ	オナジ	オナジ	チガウ

C 手続きの例

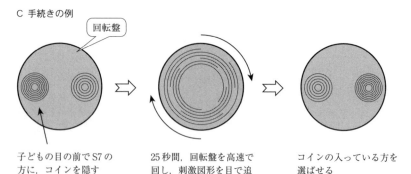

子どもの目の前でS7の
方に，コインを隠す

25秒間，回転盤を高速で
回し，刺激図形を目で追
えないようにする

コインの入っている方を
選ばせる

D 実験結果

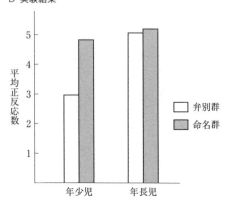

図6-3　スパイカーの実験（Spiker, 1956）

年少児と年長児とも半数ずつ命名群と弁別群に分かれて，2種類の刺激図形（A参照）を用い
た予備訓練を課される（B参照）。遅延反応テストでは，子どもの目の前で刺激図形がつけら
れた2つの箱のうち一方にコインを入れ，25秒の遅延時間をあける。そして，子どもにコイ
ンが入っていた箱を選ばせる（C参照）。年少児では，刺激図形に名前をつけてよぶように予
備訓練を受けた命名群の方が，こうした訓練を受けなかった弁別群より，遅延反応テストの成
績は優れていた。しかし，年長児では命名群と弁別群の間でテスト成績の違いはわずかであっ
た。

（図6-3C）。つまり，この実験では，テスト刺激に対して予備訓練で学習した名前を使って表象することが，遅延反応の成績に及ぼす効果を調べてみたわけである。

　すると，図6-3Dに示すように，年少児の子どもでは命名群の方が弁別群より優れており，予備訓練で獲得した名前の利用が遅延反応のテスト成績を高めた。実際，命名群の子どもたちは，遅延期間中に名前を声に出してこの実験課題に取り組んでおり，その中には，名前をリハーサルしていた場合も観察された。面白いことに，弁別群の年長児の子どものうち何名かは，2つのテスト刺激を自分なりに異なる言葉（たとえば，明るいもの，暗いもの）で命名することによって遅延反応の実験に取り組んでいた。年長児の場合は，命名群と弁別群との間で成績の差がわずかであったことには，こうした自発的な言語利用が関係していたのであろう。

　この実験状況では，テストのときには刺激図形が手がかりとして与えられていたので，子どもはコインが隠されている箱の刺激図形をイメージ的に表象しておいても正答できるはずであろう。しかし，この実験は，その刺激図形を言語的に表象しておくと，遅延反応の実験課題に効率的に反応できることを示したのである。

3）知覚と記憶の変容

　事物に名前をつけてみることは記憶の助けになるのであるが，曖昧な図形を知覚したり記憶したりするような場面では，その図形に対する命名は知覚や記憶の内容を変えてしまう原因ともなる。バートレットが行った単純な知覚実験を取り上げてみよう（Bartlette, 1932）。被験者は，図6-4Aにあるような刺激図形をごく短時間（たとえば，100ミリ秒）見せられ，すぐにそれを再現することをもとめられた。ある被験者が，この刺激図形に「額縁」と名前をつけたとしよう。すると，彼は，図6-4Bに示すように，その名前の事物に合うように細部を一部変化させて再現した。一方，この刺激図形を見たときに「大工さんが使う曲尺が2つならんでいる」と説明的な名前を与えた被験者は，その図形を‘正しく’再現した。私たちは図形や絵柄を見るとき

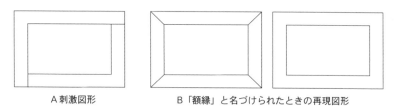

A 刺激図形   B「額縁」と名づけられたときの再現図形

図6-4　図形知覚の変容（Bartlett, 1932）

Aの刺激図形をごく短時間提示され，それをすぐに再現させるような知覚課題では，被験者の多くはその刺激図形に名前を与えてみようとする。すると，Bのように，その刺激図形は，被験者がつけた名前のものに類似するように変形されて再現される。

に，それらに名前をつけることがよくあるが，そうしてしまうと，見た内容は名づけた内容へ変化するのである。すると，見えたままをそのまま描き写す模写は，もしかしたら認知的な面から見て優れて高度な技能であるのかもしれない。

　記憶の内容も言語的な命名によって変化する。カーマイケルら（Carmichael, Hogan, & Walter, 1932）の実験では，被験者に図6-5に示した曖昧な刺激図形（原図形）を覚えさせるとき，それと一緒に与える言語的ラベルが，その図形の記憶を変容させてしまうことを明らかにした。彼らは被験者を2つのグループに分け，一方のグループの被験者には刺激図形を記憶するときにリスト1の名前を一緒に与え，他方のグループの被験者には刺激図形の記憶の際にリスト2の名前を一緒に与えた。そして，すべての被験者にこれらの刺激図形を再生させた。すると，図6-5の再生図が示すように，同じ図形でも一緒に与えた名前が異なると，被験者はそれぞれの名前の事物の形と類似するように変形させて再生した。このように，何を思い出せるかは，それを言語によって何と認知したかによるのである。

　いま皆さんは，曖昧な刺激図形の知覚や記憶が，その図形につけられた名前によって再現図に変容が起こることを知ったに過ぎない。さらなる問題は，これらの変容過程がどのようにして起こったのかであるが，これは後の節（4. スキーマ（図式））で考えてみることにする。

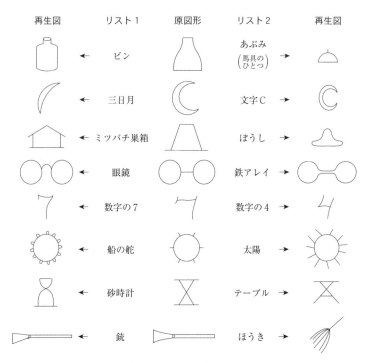

再生図　　　リスト1　　　原図形　　　リスト2　　　再生図

あぶみ
(馬具の
ひとつ)

ビン　　　　　　　　　　　文字C

三日月

ミツバチ巣箱　　　　　　ぼうし

眼鏡　　　　　　　　　鉄アレイ

数字の7　　　　　　　数字の4

船の舵　　　　　　　　太陽

砂時計　　　　　　　テーブル

銃　　　　　　　　　ほうき

図6-5　言語的命名と記憶変容 (Carmichael, et al., 1932)

原図形の記銘時に，ある被験者にはリスト1の名前を一緒に与え，別の被験者には
リスト2の名前を一緒に与えた。すると，被験者は，記銘時に与えられた名前のも
のと類似させて図形を再生する傾向が見られた。

4）言語の行動調整機能

　旧ソビエト（現ロシア）の心理学者ルリヤは，言語は人間行動の調整手段
の一つであると指摘した（ルリヤ，1976）。私たちが他人からの指示や自分が
立てた計画にしたがって適切に振る舞うことができるのも，その意味内容に
即して行動を起こしたり止めたりするなど，自分の行動をそれに合わせる調
整機能を備えているからである。

　ルリヤは，子ども（1歳から4歳くらいまで）を対象に，いろいろな言語的な
指示を与えたときの応答の仕方を観察して，言語に行動の調整機能が段階的
に備わってくることを明らかにした。子どもは，2歳代くらいまでには，い

ま目にしている物が自分の目の前で隠されても，それを言葉による直接的な指示（○○を見つけ出しなさい）にしたがって探し出すことができる。さらには，子どもに気づかれないように物を隠しておいてから，「□□に○○があります」と伝えて「○○を見つけ出しなさい」と指示する場合のように，この探し物ゲームを言葉のやりとりだけで行うときでも，2歳代ともなれば，子どもはこの指示にしたがうことができるようになってくる。

　いまの課題は言語が直接的に行動を起こすことを求める場面であった。こんどは課題を難しくして，行動を起こす前にあらかじめ何をなすべきかの計画を立てて，それに合わせて行動するような場面にすると，それができるようになるのはもっと先になる。「光がついたら，ゴムボールを押せ」というような条件文が与えられると，2歳代の子どもはこれに従うことは難しい。光がつくと手にしたゴムボールを押すが，この行為を止めることができず，光が消えても押し続けてしまう。「光がつかないときは押さない」という指示を子どもに与えても，それに従うことができず光が消えてもゴムボールを押してしまう。つまり，この頃の子どもは言語によって行動を開始させることはできるが，それを止めることができない。

　子どもが，言語で指示されている意味内容に応じて行動を開始したり，あるいはそれを止めたりするような調整機能が身につくには，なおさらなる月日を要する。3歳の子どもに，「赤が点灯したらゴムボールを押し，青が点灯したら押さない」と指示して実行させてみる。このように背反する反応（押す，押さない）を色信号の違いに応じて使い分ける場面では，赤が点灯すればゴムボールを押すが，青が点灯したときにもゴムボールを押してしまって，混乱してしまう。興味深いことに，大人が子どもに向かって，赤が点灯したときには「押せ」，青が点灯したときには「押すな」というように指示すれば，子どもはそれに従うことができる。しかし，自分で色信号に応じて「押す」，「押すな」と自身に言い聞かせるように求めた場合では，色信号に応じて適切な指示を発することはできても，その指示通りに自らの行動を合わせることはできず，青が点灯したときにも，ゴムボールを押してしまう。つまり，この年齢の子どもは，「押すな」と言葉を発することが，ゴムボー

ルを押す反応を始動させるきっかけとなってしまっており，自分が発した言葉の意味にしたがった反応を起こせないでいる。

　4歳頃になって，ようやく自分自身に向けた指示に応じて選択反応を起こすことができるようになってくる。そして，自分で自分に指示を発する外的な言語の働きは内面化して，特に指示を発しなくても，内言によって自分の行動を調整するようになる。こうして私たちは，言語による行動の調整機能を形成してゆき，自分の意志にしたがって随意的に行動をコントロールすることができるようになっていく。

5）移 行 学 習

　ケンドラーら（Kendler & Kendler, 1962）は，子どもと大人とでは弁別学習の仕方が異なり，それが言語と関係することを指摘した。彼らが実験で用いた課題は**移行学習**（shift learning）とよばれるものである。この実験課題では，図6-6に示すような，大きさ次元（大と小）と明るさ次元（黒と白）を組み合わせた刺激が用いられた。第一学習では，刺激の大きさ次元に基づいて，大きい方を正刺激，小さい方を負刺激とした弁別学習を行わせた。続いて，第二学習では，次の2つの条件に分かれて，同じく弁別学習を行わせた。**逆転移行**（reversal shift）の条件では，第一学習で用いた次元をそのまま用いるが，正刺激と負刺激とを逆転させ，大きい方を負刺激，小さい方を正刺激とした弁別学習であった。一方，**非逆転移行**（non-reversal shift）の条件では，正刺激と負刺激を規定する次元を変えてしまい，第二学習では明るさ次元に基づいて黒を正刺激，白を負刺激とした弁別学習であった。

　では，逆転移行と非逆転移行のうちどちらの弁別学習が容易か予想してみよう。大人は逆転移行の方が容易に弁別学習できる。しかし，子どもは大人とは異なった結果を示す。5歳以下の年少の子どもでは，第二学習で非逆転移行の方が容易に弁別学習される（Kendler, Kendler, & Wells, 1960）。5，6歳頃では，非逆転移行を容易とする子どもや，逆転移行を容易とする子どもが混在するようになり（Kendler & Kendler, 1959），さらに年齢が上がれば大人と同じように逆転移行が容易となってくる。これらは，移行学習に対する子ども

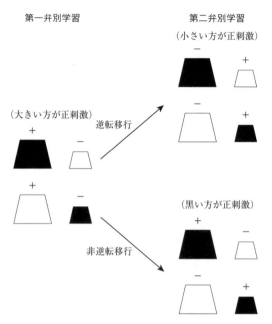

第一弁別学習　　　　　　　　　　第二弁別学習
（小さい方が正刺激）

（大きい方が正刺激）　逆転移行

（黒い方が正刺激）

非逆転移行

図6-6　逆転移行条件と非逆転移行条件の例（Kendler
& Kendler, 1962）

この実験では，大きさ（大と小）と明るさ（黒と白）の二次元で構成される刺
激を用いて2つの弁別学習を行う。第一弁別学習では，図形の大きさ次元に基
づいた弁別学習を行う。第二学習では逆転移行条件と非逆転移行条件の2つに
分かれて行われる。逆転移行条件では，第一弁別学習と同じく大きさ次元に基
づくが，正負を逆転させた弁別学習を行う。一方，非逆転移行条件では，弁別
次元を取り替えて明るさ次元に基づいた弁別学習を行う。

の取り組み方が発達的に変化することを示している（Kendler, Kendler, &
Learnard, 1962）。

　ケンドラーらは，言語機能を十分に獲得していない子どもは正刺激と反応
とを結びつけるような様式（S-R型）で移行学習に対処しているが，言語の
発達につれて，子どもも大人がするのと同じように，言語を媒介させるよう
な様式で移行学習に対処できるようになると考えている。

6）言語相対性仮説

　アメリカの言語学者ウォーフは，自らの著作の中で次のようなことを述べ

ている。

　　　個々の言語の背景的な言語体系（つまり，その文法）は，単に考えを表明す
　　　るためだけの再生の手段ではなくて，それ自身，考えを形成するものであり，
　　　…（中略）…われわれは，母国語の規定した線にそって自然を分割する。…
　　　（中略）…世界というものは，さまざまな印象の変転きわまりない流れとして
　　　現れ，それをわれわれの心――つまり，われわれの心の中にある言語体系と
　　　いうのと大体同じことであるが――が体系づけるということになる。

　　　　　　　　　　　　　　　　　　　　　　　　　　　　（ウォーフ，1978, p. 110）

　このように，ウォーフは，言語（母国語）が思考を形作り，言語が自分を
取り巻く環境の認知を規定するという考えを提起したのである。この考えに
基づくと，言語体系が大きく異なる社会の間では，環境内にあるさまざまな
事物・事象の分類の仕方は異なることになり，それぞれ違った環境世界が認
知されるはずだということになる。したがって，誰も，自分を取り巻く環境
を何か絶対的な中立的な立場から認知することはできず，同一の環境でも観
察者が同じ言語体系をもたない限り，同一の環境を認知するとは限らないと
なる。ウォーフによって提唱されたこのような考えは，**言語相対性仮説**
(linguistic relativity hypothesis) あるいは**サピア-ウォーフ仮説** (Sapir-Whorf
hypothesis) とよばれている。

　ウォーフの著作（ウォーフ，1978）の中では，英語とアメリカ先住民の人々
が用いるいろいろな言語とを比較した資料を数多く用いている（図6-7参照）。
たとえば，英語では天候の雪を表す言葉は「雪（snow）」の1語だけで，雪
の状態に応じて適当な言葉を「雪」につけて表現している。降ってくる雪，
積もった雪，どろどろの雪，氷のように固められた雪，というような仕方で
ある。一方，極北に居住するイヌイットの人々にとっては，これらの雪は感
覚的に別な物であり，生活上別々の扱い方をしなければならないので，これ
ら1つひとつに違った言葉をあてはめて表現するという。また，北米に住む
ホピ族の人々は，鳥を除いて，すべて飛ぶものには1つの名詞しか用いない。
昆虫も飛行機も，飛行士までも同一の言葉で表すのだという。しかし，

ホピ語は1語（MASA'-
YTAKA）
英語は3語

英語は1語（SNOW）
エスキモー語は3語

ホピ語：PĀHE
英語は1語（WATER）：ホピ語は2語

ホピ語：KĒYI

図6-7　言語による事物の分類の仕方の違い（ウォー
　　　　フ，1978より）

ウォーフは，母国語によって，複数の事物のそれぞれが特
定の名前をもっている場合もあれば，同じそれらの事物を
ひとまとめにして1つの名前しかもたない場合もあること
を指摘した。

　ウォーフが取り上げた資料は，言語の側の違いだけであり，その違いが，実
際に認知の仕方の違いも引き起こしているのかどうかについては述べられて
いない。たとえホピ族の人々でも，昆虫と飛行士を言語的に区別していなく
ても，認知的（視覚的）にも区別できないと考えるには無理があるだろう。

　ある種族の人々が，いくつかの事物・事象を言葉で区別していなくても，
彼らはそれらを弁別できることもある。心理学者が関心を向けたのは色名と
色の弁別との関係である。たとえば，アメリカ先住民のズニ族の人々は黄色
とオレンジ色を別々の言葉で表現しないという。それにもかかわらず，彼ら
はこの2つの色の弁別ができる（Cole & Scribner, 1974）。ニューギニアの高地
で生活するダニ族の人々は，色名の語彙に「濃い色」と「薄い色」の2つし
かもたないという。もし，言語が色の認識を規定するのであれば，ダニ族の
人々は同じ色名で表される異なった色光に対して新しい色名を獲得すること

は困難であろうと予想される。ところが，ダニ族の人々は，同じ色名で表される異なる色光に対して別々の名前を連合させて学習することができた（Rosch, 1973）。

　言語相対性仮説については，当初の考え，つまり言語が思考や認識を「決定する」と"強く"考えることは難しい。そこで穏当に，言語が認識や思考に「影響する」というような，幾分か"弱めた"考えが提起されており，言語と認識とのあいだの関わり合いについての議論はその後もいろいろに続いている（Lund, 2003）。

3. 期　　　待

　私たちが何かを知覚するときには，前もって何か特定のものを知覚しようと準備し構えているものである。試みに，図6-8に示したトランプ・カード（灰色となっているものは赤色を表している）を左から順々に素早く見て，どのようなカードがあったか直後に書き留めてみる簡単な知覚実験を考えてみよう。皆さんにも，実際に試していただきたいが，正確にそれらを知覚することができたであろうか。では，**黒のハートの4**が含まれていたことに皆さんは気づいたであろうか。もし，**黒のハートの4**を，たとえば「**ハートの4**」というように書き留めてしまったのであれば，それは，通常のトランプ・カードを見ようと準備し構えていたことが，正確な知覚を妨げてしまったのである。つまり，人は**期待**（expectation, expectancy）をもって事物を知覚しようとする。

図6-8　どのようなトランプ・カードが並んでいるだろうか？

上の例はブルーナーとポストマンの実験（Bruner & Postman, 1949）を参考にしたものであるが，彼らの実験では，普通のトランプ・カード（赤のハートの5，黒のスペードの5など）とトランプ・カードの色を取り替えたトリック・カード（黒のハートの5，赤のスペードの5など）を用意して，このようなカードを1枚ずつごく短時間提示して（最初は10ミリ秒），すぐに何が見えたかの報告を被験者にもとめてみた。正しく報告できれば次のカードを提示するが，そうでなければ再び同じカードを，今度は少しだけ提示時間を長くして提示し報告させた。こうして，正しく報告できるまで何度も繰り返し，そのつど提示時間を長くしていった。もし1秒間提示しても正しく報告できなかったならば，このときだけは次のカードを提示した。このような方法で，ブルーナーらは，提示されたカードを正しく報告できるのにどれくらいの提示時間が必要かを測定したのである。この測定値は，刺激を認知できる限界を計っていることから**認知閾**（recognition threshold）とよばれる。

　トランプ・カードとトリック・カードの提示順序は実験的にいろいろと変えられた。たとえば，最初の何枚かは普通のトランプ・カードが続けて提示され，そうしておいてから不意にトリック・カードが提示されるような条件や，これら2種のカードが交互に提示されるような条件などであった。すると，正確に報告するためには，トリック・カードはトランプ・カードよりも，はるかに長い提示時間が必要であった。図6-9に示すように，普通のトランプ・カードは，350ミリ秒程度の提示時間があればすべて正確に同定できたのに対して，トリック・カードでは，提示に1秒をかけても，まだ正確に報告できない場合があった。

　この実験で興味深いことは，トリック・カードに対して被験者が示した反応であった。その多くは，たとえば，**赤のスペードの6**に対して"スペードの6"と報告するような，カードの色の不一致を無視してしまうものであった。その他にも，**赤のスペードの6**には"紫色のスペードの6"と報告してみたり，**赤のクラブの6**には"赤いライトで照らされたクラブの6"と報告してみたりするなど，カードの色とマークの間の不一致を折衷させるような反応も見られたという。さらに，いったん誤った報告をしてしまうと，

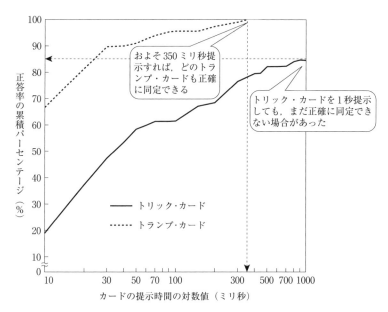

図6-9　ブルーナーとポストマンの実験結果の一部（Bruner & Postman, 1949）

トランプ・カードを使った知覚実験において、トランプ・カードがおよそ350ミリ秒
提示されれば、どの被験者もそれを正確に同定することができる。ところが、被験者が
次も普通のトランプ・カードが提示されると期待をもっているときに、トリック・カー
ド（例，**黒のハートの4**）が提示されると、1秒間それを見ていても、しかも、それま
でその同じカードを何度も続けて見ていたにもかかわらず、正確に同定できない場合が
あったのである。

　その後どんなに提示時間が長くなってもこの報告を変えることはせず、あく
まで最初の報告に固執した場合もあったという。被験者たちが示したこうし
た反応を見ると、彼らは、本当のものではなく、自分が見えると期待したも
のを見たと報告しているかのようである。

　期待は過去の経験が作り出すのであるから、期待はずれを何度か経験すれ
ば、はじめにもっていた期待は修正される。ブルーナーらのこの実験でも、
被験者は、トランプ・カードが何枚か提示されたあと、不意に現れた最初の
トリック・カードの同定には平均すると390ミリ秒の提示時間を要していた。
しかし、次々とカードを見ていくうちに、トリック・カードが含まれている
ことに気づくと、その後はトリック・カードが提示されても、わずか84ミ

A **10 12 13 16 17**

B **W A 13 M Y**

図6-10　文脈効果の例

AとBのいずれも中央の刺激はまったく同じ形をしている。
しかし，その刺激をどのように認知するかは，それがどのような文脈の中に置かれるかに依存する。上段Aを左から見て読んでいけば，中央の刺激は数字の13と読むだろう。一方，下段Bも同じく左から見て読んでいけば，中央の刺激はアルファベットのBと読むだろう。

リ秒の提示時間で正確に報告できるようになった。

　期待は知覚の誤りを導くとは限らない。期待は何を知覚するかを方向づけ，情報処理の効率を向上させる。図6-10のAの数字列を見ていけば，中央の刺激を「数字の13」と知覚するが，Bのアルファベット文字列を見ていけば，同じ中央の刺激を「文字のB」と知覚する。よく見ると気づくように，これら2つは同じ形である。同じ刺激も，数字と一緒に現れるかそれともアルファベット文字と一緒に現れるかという文脈によって違った文字として知覚される。このような現象は**文脈効果**（context effect）とよばれている。この効果が生じるのも，知覚者がもつ期待が影響している。知覚者は数字を見ていけば次の刺激も数字だと期待をもち，一方，アルファベット文字を見ていけば次の刺激もアルファベット文字だと期待をもつ。このため，同じ刺激も知覚者の期待に沿うように異なった文字として知覚されるのである。もし，期待をもたずにこの刺激を見るならば，それを何と知覚しようか少し躊躇するだろう。

　人がもつ期待は知覚だけに影響するわけではない。期待は，そのほかにも思考や問題解決，対人認知などさまざまな認知過程に影響することが知られている。

4. スキーマ（図式）

1）スキーマとは何か

　私たちはこれまでの経験を通じて多くの知識を獲得してきている。これらの知識は，個々の過去経験の痕跡がただ単に寄り集まって記憶に保持されているのではなく，また，必要に応じて取り出されるのをただ単に待っているわけでもない。私たちの過去の経験は組織化された知識となって，対象をどのように知覚し記憶するか，経験をどのように想起するか，ものごとをどのように理解するか，そして，さまざまな事態でどのように行動するか，これらを決める枠組みとして絶えず働いているのである。こうした認知や行動の枠組みとなるような知識は**スキーマ**（**図式**：schema）とよばれる。このスキーマという概念を心理学にはじめて導入したのは，イギリスの心理学者バートレットであった。彼は，記憶は知覚や心像や思考から独立したものではなく，それらと密接な関係をもっていることを強調し，これらの関係をとらえるためにスキーマという概念を用いたのであった。

2）バートレットの古典的実験

　バートレット（Bartlett, 1932）は，簡単な図形や描画を用いた知覚の実験，**ロールシャッハ・テスト**（9章2節参照）の刺激のようなインク・ブロットを用いた心像の実験，物語や絵を用いた記憶の実験など，数多くの実験を行い，提示刺激を再現する過程での被験者の反応（たとえば，言語的な記述）や再現された内容を分析することでスキーマの働きを説いた。2節で見たように，図6-4Aに示したような刺激図形を用いた知覚実験では，被験者はその図形に名前をつけてから再現し，しかも，その再現された図形は名づけた内容に沿うように多少変形されていた。バートレットはこうした事実を重視し，直前に見た刺激図形を再現するような知覚場面でも，人はその刺激図形を自分がもっているスキーマにあてはめて解釈し，それに基づいて反応するのだと考

えた。

　バートレットの研究の中でもよく知られている実験は，物語を使った記憶実験である。この実験では，表6-2Aに示すような，イギリスとは文化的にも社会環境的にも異なる北アメリカの民話を用い，これをイギリス人の大学生に2回読ませ，そのあと，15分後，20時間後，8日後など時間間隔は大まかであったが，何度も繰り返し再生することをもとめた。そして，バートレットはこの反復再生の過程で個々人の想起内容がどのように変容していったかを丹念に分析した。すると，想起内容の変容の仕方にはさまざまな特徴が見出された。そのいくつかをあげてみると，(1)もっとも顕著な特徴は，正確に再生されることはほとんどなかったことである。(2)物語の細かな箇所や馴染み薄い箇所は**省略**された。(3)物語の言葉づかいが現代風に変化したり，イギリス人の大学生にとって馴染み薄い言葉は馴染みある言葉で**置き換え**られたりした。(4)文と文のつながりが判然としないところは，被験者が新たな情報を作り出して補ったりすることで**合理化**し，話の筋がもとの物語より首尾一貫したものに変化した。(5)物語に対する被験者の**情緒的態度**（たとえば，恐ろしい話だった）が想起内容に影響した。バートレットは，こうした実験結果から，記憶は経験の単なるコピーのようなものではなく，それは構成的な性質をもつのであって，まず物語の記憶内容がスキーマと関係づけられることによって，話の印象はどんなもので，話の筋がどういったものかなどが把握され，物語の想起はこのスキーマに沿うように再構成されると唱えたのである。

　先述したように，スキーマは過去経験が組織化された知識である。私たちはこの過去経験の集合体であるスキーマを枠組みとしてさまざまな経験をしているのであるから，スキーマ自身も経験が積み重なることによって変化することも銘記しておくべきであろう。つまり，スキーマは発達するのである。

3）スキーマの働き

　スキーマは知覚や記憶の変容の一因となるが，もちろん，それだけに関わっているわけではない。私たちは，膨大な情報を効率よく記憶したり，文

表6-2 バートレットの記憶実験で用いられた物語文（A）と再生内容の一例（B）
（Bartlett, 1932 より）

物語文と再生内容とを比較すると，細かな部分の省略が頻繁に生じている。また，イギリス文化と馴染みの薄い言葉は使い慣れた言葉へと置き換えられている。たとえば，アザラシ猟の代わりに「釣り」という言葉が使われ，カヌーは「ボート」に変わっている。

A 元の物語文

　ある晩，エグラックの2人の若者が，アザラシ猟のために川を下っていった。川を下っていくと，霧が出てきて静かになった。すると，鬨の声がきこえてきた。彼らは「もしかしたら，これは戦いの部隊かもしれない」と考え，岸の方に逃げて，1本の丸太のうしろにかくれた。カヌーがやってきた。櫂の音が聞こえ，1艘のカヌーが，自分たちの方に近づいてくるのが見えた。カヌーには，5人の男が乗っていた。彼らはいった。

「どうかね，君らを連れて行きたいのだが。われらは戦いをするために川を上っているところだ」

若者の1人は言った。「私には矢がない」

「矢はカヌーにある」彼らは言った。

「私は行きたくない。私は殺されるかもしれない。身内は私を探そうにも探せなくなる。しかし，君は彼らと一緒に行ってもいいよ」（と彼はもう1人の若者へ向かって言った）

　そこで，1人の若者はついて行き，もう1人は家へ帰った。

　戦士たちは川をさかのぼってカラマの対岸の町へ行った。人々は川へおりてきて，そして戦いが始まった。大勢の人たちが殺された。しかし，まもなく若者は戦士の1人が「急げ，帰ろう，あのインディアンがやられた」と言うのを聞いた。若者は「あ，彼らは幽霊だ」と思った。彼は気分は悪くなかったが，彼らは彼が撃たれたと言った。

　そこで，カヌーはエグラックへ戻り，若者は降りて家に帰った。そして，火をたいた。彼は皆に話して言った「驚くな，おれは幽霊についていって戦いをした。仲間は大勢死んで，攻撃をした相手も大勢死んだ。彼らは私が撃たれたと言ったが，気分は悪くない」

　彼は一部始終を話して，そして静かになった。夜明けに彼は倒れた。何か黒いものが口から出た。彼の顔はゆがんだ。人々は飛び上がって叫んだ。

　彼は死んでいた。

B 再生内容の一例（20時間後の第1回目の再生）

　エデュラックの2人の若者は釣りに出かけた。川に気をとられていたとき，遠くの方で騒がしい音を聞いた。

「叫び声のような音が聞こえる」と，1人が言った。すると直ぐに，カヌーに乗った数人の男たちがあらわれ，われわれの仲間に加わって冒険に出かけないかと誘った。若者のうち，1人は家族の結びつきを理由に行くのをことわり，もう1人は行こうと申し出た。

「しかし，矢がない」と，彼は言った。

「矢はボートにある」と返事があった。

　そこで，彼は仲間に加わったが，彼の友人は家に帰った。一団は櫂でこいで，カロマへ川をのぼっていった。そして，川の堤に上陸しはじめた。敵が彼らに襲いかかってきて，激しい戦いが始まった。直ぐに，何人かが傷を負った。そして，敵は幽霊だぞという叫び声がおこった。

　一団は川を下り，そして若者は，悪い経験ではなかったと思いながら家に帰った。翌朝の夜明けに，彼は自分の冒険談を詳しく話そうとした。彼が話をしていると，何か黒いものが彼の口から流れ出てきた。突然，彼は叫び倒れた。彼の友達が，彼のまわりに集まった。

　しかし，彼は死んでいた。

表6-3　何について述べられた文章だろうか（Bransford & Johnson, 1973，グレッグ，1988 より）

> 　手順は実に簡単である。まず，ものをいくつかの山に分ける。もちろん，全体の量によっては，一かたまりのままでもよい。設備がないためにどこか他の場所に行かなければならないのなら，それは次の段階であり，そうでなければ，準備はかなり整ったことになる。大事なことは，1回にあまり多くやらないことである。1回に多くやりすぎるよりも，少なすぎると思われるくらいの方がよい。目先だけのことを考えると，このような点に注意する重要性はわからないかもしれないが，そうしないと，面倒なことになってしまう。失敗によって，お金が高くつくこともある。最初，手順全体はややこしいように思われるかもしれないが，すぐにこれも生活の一部にすぎなくなるはずである。近い将来にこの作業の必要性がなくなるとは考えにくいが，かといって，どうなるかは誰にもわからない。手順がすべて終わると，再びものを整理して，決められた場所にしまう。やがて，それらは再び使用され，そしてまた同じサイクルが繰り返される。何といっても，これは生活の一部なのである。

章中に明示されていない情報を補完して話の内容の理解や記憶を助けたり，多義的な情報の中から特定の意味内容を解釈したりするときなど，さまざまな認知的活動にスキーマを利用している。文章を理解する場合を取り上げてみよう。まず皆さんには，表6-3に示した文章を一読していただきたい。この文章には難しい単語も文法上の誤りもない。しかし，何について述べられているのかわからないであろう。これは，皆さんが，この文章の理解に適切なスキーマをあてはめることができないからである。

　では，あらかじめこの文章についてのタイトルを与えられて，それから，この文章を読むとどうだろうか。そのタイトルは「洗濯の仕方」である。すると，文と文との意味的なつながりが先ほどよりはっきりして，文章全体の内容を理解でき，しかも容易に記憶できるであろう。これは，タイトルに関する適切なスキーマを利用できるようになると，その知識が，意味の判然としない箇所を補うことで，この文章の内容理解を助けてくれたからなのである。

7章
情緒・動機づけ

　私たちは日常で「情緒」という言葉を単独で使うことはあまりない。「異国情緒」や「下町情緒」など，おそらく特定の言葉と結びつけて使うことがほとんどであろう。それゆえ，「情緒」の意味するところが何であるのか，私たちは意外とそれを知らない。

　「情緒」と非常に近い意味の言葉に「感情」がある。私たちにとっては，「感情」の方が身近に感じる言葉であり，一般的である。感情とは喜び，悲しみ，怒り，楽しみのような内的な状態をさす。時として，激しい感情が生じると，そのような感情は私たちの行動にも影響を与えることがある。たとえば，あまりにも強い怒りが湧き起こり，暴力をふるってしまったり，あるいは，あまりにも強い恐怖を感じたため，その場から走って逃げ去ってしまうなど。このように，一時的な激しい感情のことを心理学では**情緒**（emotion）とよび，行動の喚起と深く関わっていると考えられている。

　また，空腹感やのどの渇きなどは，情緒の場合と同じように，人や動物を特定の行動に駆り立てる。たとえば，空腹感を感じた人は何か食べ物を手に入れるために近くのコンビニに買い物に出かけるかもしれないし，冷蔵庫の中をのぞいてみるかもしれない。動物であれば，獲物を探すために狩りに出るかもしれない。このように，人や動物が一定の方向づけられた行動に駆り立てられ，そしてそれを始発させ，持続的に推進するプロセスを**動機づけ**（motivation）という。

　人や動物をある方向に向かって行動させたり，あるいは行動する気にさせるという点で，情緒と動機づけには共通する側面がある。

1. 情緒の種類

　情緒は生理的変化を伴う内的な過程であると考えられるが，表情や身体的反応としても表出されることがある。そのため，情緒の研究では古くから表情を手がかりとしてきた。ここでは，**表情**（facial expression）を手がかりとして行われた情緒分類の研究について紹介をしよう。

　表情を手がかりとして情緒の分類を試みた最初の組織的研究は，ダーウィンによる。「種の起源」を著し，進化論を提唱した，あのダーウィンである。ダーウィンは，著書『人及び動物の表情について』で，人の情緒表出には，かつて動物の生活において適応的機能をもっていた反応の名残りと見られる反応が多く残っていることを指摘した（Darwin, 1872）。また，彼は成人に数枚の表情写真を見せて，その表情がどの情緒を表しているかを判断させたところ，被験者の判断は非常に正確で，顔面表情から情緒を正しく判断することができると考えた。しかし，ダーウィン以後になされた研究では，表情から情緒を推測することが難しいことを示す結果がたびたび報告され，表情から情緒を推測することが困難であるように思われた時期があった。

　ウッドワースは，表情研究の困難さが一部の類似した表情を示す複数の情緒の混乱から引き起こされていると考えた（Woodworth, 1938）。そこで，情緒を6つのカテゴリに分類し，それらを一直線上に配列した。すなわち，①喜び，②驚き，③恐れ・苦しみ，④怒り，⑤嫌悪，⑥軽蔑である。これらの6つのカテゴリのうち，相互に近い距離に配置された情緒は混同される可能性があるのに対して，離れて配置された情緒は混同される可能性が低いとウッドワースは考えた。

　その後，シュロスバーグはウッドワースが提案した6つのカテゴリについて，一直線上に配置するのではなく，円環上に配置した（図7-1 A）（Schlosberg, 1952）。そして，直交する2本の軸，すなわち快－不快，注意－拒否により表情の6つのカテゴリを説明できるとした。その後，彼は活性化

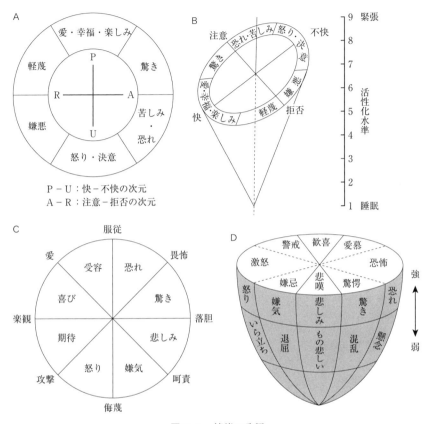

図7-1 情緒の分類

A シュロスバーグによる円環モデル。情緒を6つのカテゴリに分類し，快−不快，注意−拒否という2本の軸で説明した。B シュロスバーグによる三次元モデル。円環モデルに睡眠−緊張という第三の軸を加えた。C プルチックによる円環モデル。情緒を8つに分類した。色相環の考え方をベースにしている。D プルチックによる立体モデル。8つの基本的情緒に強−弱という軸を組み入れた。

のレベルを示す第3の軸（睡眠−緊張）も加え，表情認知の三次元モデルを提唱した（図7-1 B）。

　プルチックは，情緒について，あらゆる生物が生存を続けるための環境に対する順応反応であると考えた（Plutchik, 1962）。そして8つの基本的情緒として，受容，恐れ，驚き，悲しみ，嫌悪，怒り，期待，喜びをあげ，これらを色相環と同じく円環状に並べた（図7-1 C）。このとき，相向かい合う情緒

	写真が文化を越えてどのように判断されたか，意見の一致をみたパーセント				
	アメリカ合衆国 (N=99)	ブラジル (N=40)	チリ (N=119)	アルゼンチン (N=168)	日本 (N=29)
 恐怖	85%	67%	68%	54%	66%
 嫌悪	92%	97%	92%	92%	90%
 幸福	97%	95%	95%	98%	100%
怒り	67%	90%	94%	90%	90%

図7-2　エクマンとフリーセン（Ekman & Friesen, 1975）による表情と文化に関する研究

アメリカ，ブラジル，チリ，アルゼンチン，日本の人たちを対象に，図に示したような感情表出の写真を見せた。被験者はそれぞれの写真が示している感情を，与えられた6つの感情語から選択した。実験の結果，いくつかの情緒は言語や文化の違いに関係なく，すべての国で同じ顔の表情が同じ感情を示すと判断された。

はそれぞれ両極的であり，色彩における補色関係のように相対立すると考えた。その後，プルチックは8つの基本情緒に強度差を組み入れた立体モデルを考案した（図7-1 D）。

エクマンらは，表情表出と文化との関係について研究をした（たとえば，Ekman & Friesen, 1975；図7-2）。彼らは文化の異なるさまざまな民族の人々に表情写真を使って表情と情緒との関係を調べた。その結果，いくつかの情緒は文化的背景と関係なく，表情を介してさまざまな民族の人々に共通して理解されることが明らかになった。このことは，表情の認知が生得的であり，文化による影響を受けにくいことを示している。

エクマンの研究は，最近では**微表情**（micro expression）の研究へと発展している。私たちは日常生活の中でほんの一瞬であるが（およそ0.2秒という短い時間），自分の現在の真の感情を表情にあらわす瞬間があるという。そのような微表情を正しく読み取ることが，他人の感情の理解に役立つという。

さて，最近の表情研究に関するトピックを一つ紹介しておこう。**スティルフェイス**（still face）パラダイムとよばれる方法を用いた研究で，トロニックと共同研究者らが行った研究（Tronick et al., 1978）である。この研究は，私たちが人の感情を理解するために，出生後いかに早い段階から表情を手がかりとして利用しているかを示した。実験では，新生児と母親（または父親）が向かい合わせに座り，親子のコミュニケーションを観察した。言語を習得する前の新生児であったとしても，親と子どもは言葉以外の方法によりコミュニケーションをすることが可能で，例えば親が子どもの足の裏をくすぐると子どもが笑い，子どもが笑うと親も笑う。実験のある時点で，実験者は親に対して無表情（"still face"）になることを指示する。たとえ子どもが親に何かを語りかけたり，笑いかけたとしても，親は無表情でい続けることを強いられる。すると，そのような親の変化に子どもはすぐに気づく。親に笑いかけたり，語りかけることで，何とか親の笑顔をとり戻そうと試みる。生後3ヶ月や4ヶ月の新生児ですら，このような大人の表情の変化に敏感に気づき，大人とのコミュニケーションの手がかりとして表情を利用しているということが，この彼らの研究から明らかになった。

2. 情緒の理論

　私たちが感じている情緒は，その時々で変化をする。時には喜んだり，ま
たあるときには悲しんだり。それでは，喜びや悲しみ，あるいは不安や恐怖
などの情緒は，いったいどのようなプロセスによって引き起こされるのであ
ろうか。この問題は，いまから 100 年以上も前からたびたび論争されてきた。

　ジェームズは，興奮を起こすような刺激を知覚すると（たとえばクマが現れ
る！），まず身体的変化が生じ（逃げる！），そのときの身体的変化を感知する
ことが情緒（怖い！）であると説明した（James, 1884）。この考え方にしたがえ
ば，「クマが現れる」から「怖い」のではなく，「逃げる」から「怖い」ので
ある。ジェームズの仮説は，その当時，ジェームズと同じように身体的変化
が情緒を引き起こすことを主張したランゲの説（Lange, 1885）と合わせて
ジェームズ-ランゲ説（James-Lange theory）とよばれるようになった。

　キャノンはジェームズ-ランゲ説に対して次のように反論した（Cannon,
1927）。第一に，内臓と中枢神経系を結ぶ交感神経を切断しても，情緒が生
じる。このことは，身体的変化を知覚できない場合でも，情緒が生じること
を示している。第二に，身体的変化が同じであったとしても生起する情緒が
異なる場合がある。このことは，身体的変化の知覚だけではさまざまな種類
の情緒が生じる仕組みを説明できないことを示している。第三に，内臓反応
の変化は緩慢である。情緒は比較的急速に生じるが，そのような緩やかに生
じる内臓反応の変化によって急速に生じる情緒体験を説明することは困難だ
ということを，その事実は示している。第四に，アドレナリンの投与などに
より人工的に身体的変化を誘発しても，情緒は引き起こされない。このこと
は身体的変化だけで情緒が起こるという仮説が間違っている可能性を示して
いる。

　それでは，キャノン自身は情緒が現れる仕組みをどのように考えたのであ
ろうか。キャノンは情緒の中枢が脳内の視床という場所にあると考えた。

キャノンの弟子であるバードは，後にキャノンとほぼ同様の説を唱えたので，このような情緒の視床説は**キャノン-バード説**（Cannon-Bard theory）とよばれている。具体的には，外部刺激が感覚器を興奮させ，その興奮が電気的活動であるインパルスとなって視床に到達する。このインパルスが視床を直接興奮させるか，あるいはそこからさらに大脳皮質にインパルスが送られ，大脳皮質を興奮させる。大脳皮質に到達したインパルスは視床に対する抑制を解除する信号を視床に送る。したがって，視床には感覚器からの直接の信号と，大脳皮質からの抑制解除の信号が届き，両者の入力により視床が賦活する。視床が賦活したことの信号は，内臓や骨格筋へと伝達され，それが情緒の表出となって現れる。それと同時に，視床が賦活したことの信号が大脳皮質にフィードバックされ，それが情緒として知覚される（図7-3）。

キャノン-バード説は情緒を経験する場合に視床という脳内の特定の部位の働きを重視した。その後，パペツ（Papez, 1937）は情緒の経験には脳の特定の部位というよりは，むしろ神経系の回路の働きが重要であるとして，帯状回→海馬体→乳頭体→視床前核→帯状回という大脳辺縁系の回路を想定した。この回路を**パペツの回路**（Papez's circuit）といい，情緒の働きをコントロールしていると考えた。

シャクターとシンガーは，これまでに紹介したいくつかの理論とは異なり，単に生理的なプロセスによって情緒が決定されるのではなく，生理的な変化に加えて，状況の認知が情緒の決定に重要な役割を果たすという情緒の**二要因説**（two-factor theory）を提唱した（図7-4）（Schachter & Singer, 1962）。彼らは被験者にエピネフリン（アドレナリン）という興奮作用のある薬物を「ビタミン剤」であると偽って投与し，あるグループには薬物の作用を正しく伝えたが，もう一方のグループには薬物の作用を正しく説明しなかった。その後，すべての被験者は待合室で待たされることになるが，そのときに他の被験者（実はサクラ）と一緒に待たされる。このサクラは待合室で非常に楽しそうに振る舞ったり，あるいはイライラして怒っているかのように振る舞った。実験の結果，情緒が引き起こされたのはエピネフリンの作用を正しく説明されなかった被験者であり，そのときに引き起こされた情緒の種類は，サクラが

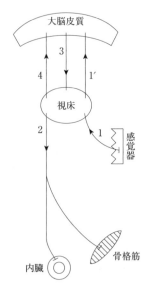

図7-3 キャノンとバードが唱
えた情緒の視床説

感覚器からのインパルスが視床に伝わると（1），視床
が興奮すると同時に，大脳皮質を興奮させ（1′），大
脳皮質からは抑制解除の信号が視床に届く（3）。一方，
視床が賦活したことの信号は内臓や骨格筋へと伝えら
れ（2），同時に大脳皮質にもフィードバックされる（4）。
数字は経路を，矢印は方向を示す。

演じていた情緒のタイプと一致することがわかった。シャクターとシンガー
はこの研究から，生理的に喚起し，かつ，そのような生理的喚起が何によっ
て生じているのかを認知的に評価することにより，特定のタイプの情緒が生
じるのだと考えた（しかし，対照条件として蒸留水を投与されたグループでも情緒が
生じていたことから，サクラの演技が単に状況認知に変化を引き起こしただけではなく，
演技そのものが情緒を喚起する刺激として働いていた可能性が指摘されている）。

　ここまでを整理するならば，情緒の理論を以下の3つの立場に整理するこ
とができるだろう。

　①外部刺激が引き起こした身体反応の感覚が情緒であると考える立場，す
なわち末梢説。

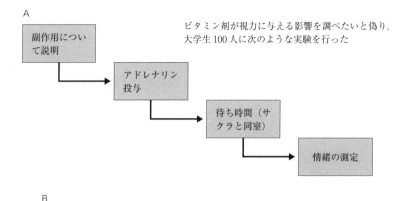

A

副作用につい
て説明

→

アドレナリン
投与

→

待ち時間（サ
クラと同室）

→

情緒の測定

ビタミン剤が視力に与える影響を調べたいと偽り,
大学生100人に次のような実験を行った

B

	グループ1	グループ2	グループ3	グループ4
副作用の説明	正確	なし	誤情報	なし
投与薬	アドレナリン	アドレナリン	アドレナリン	蒸留水

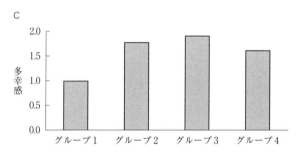

C

図7-4　シャクターとシンガー（Schachter & Singer, 1962）の実験

A シャクターとシンガーの実験の流れを図式化した。B 実験における各グループの手続きを示した。4つのグループは副作用に関する説明がどうであったか, それから投与されたものが何であったのかという2つの条件によって分類される。C サクラが待合室で楽しそうに振る舞った場合に, 被験者がどのくらい楽しいと感じたのかを示している。

②外部刺激や情報が脳内に伝達され, 皮質や大脳辺縁系など脳内での情報処理の過程で情緒が生じると考える立場, すなわち中枢説。

③外部刺激によって生理的な覚醒状態が引き起こされ, その覚醒の原因が認知的評価によって決定されるプロセスにおいて情緒の種類が決まると考える立場, すなわち認知的評価のプロセスを重視する立場。

近年では, ①から③が融合的にとらえられ, 外部刺激や身体反応のフィー

ドバックを受け取った脳における自動的かつ高速な情報の処理過程で産出されるのが情緒とみなされ（情緒生起プロセス），同時に認知的評価による影響も受けると考えられている（認知的評価プロセス）。ザイアンス (1980) は，情緒生起プロセスと認知的評価プロセスとは独立だが，前者がより強力で後者に優先されることを述べている。感情は理屈ではないということをザイアンスは主張しているのかもしれない。

3. 快 と 行 動

　ここまで，情緒の種類や情緒に関する概念的な問題を考えてきたが，今日の心理学においては，情緒表出の背景にどのような神経生理学的なメカニズムがあるのかという問題も注目されている。そこで，"快と行動" という問題に焦点をあて，情緒の神経生理学的仕組みについて考えよう。

　"快" というのは喜怒哀楽という一般的な感情の分け方でいうならば「喜」や「楽」に近い状態と考えられる。私たちが日常生活で感じる "喜び" や "嬉しい"，"楽しい" という情緒のもっとも基礎にあるのが，"快" という情緒状態だろう。

　歴史的には "快感" あるいは "快楽" という問題が，人間や動物の欲求や本能を説明する概念として古くから哲学的に検討されてきた。一方，脳や神経系との関係から科学的に "快" が研究されたのは，1954 年のオルズとミルナにはじまるといってよいだろう。そこで，次にオルズらの研究について紹介する。

1）オルズの研究

　そもそも快というのは非常に抽象的な概念である。「こころよい」あるいは「気持ちよい」と人や動物が感じているということなのだが，それを自分以外の他者が客観的に知る方法があるのだろうか。オルズの研究の面白いところは，まさにそこにある。すなわち，快という抽象的な問題を，動物の単

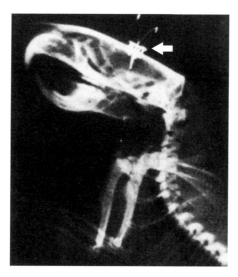

図7-5 オルズによる脳の自己刺激実験
(Olds, 1956)

ラットの頭部から前足あたりの骨格を撮影した写真。矢
印は頭部に埋め込まれた電極の部位をさしている。電極
の先端が快を感じさせる脳の部位に差し込まれていた。

純な行動を通して客観的に測定できる方法を見出したのである。

　オルズはラットの脳内の中脳とよばれる部位に微小な電極を植え込んだ
（図7-5）。電極を植え込んだまま，ラットが自由に行動できるようにしてお
いて，Ａ，Ｂ，Ｃ，Ｄというラベルを四隅に貼った箱の中にラットを入れた。
そして，Ａというラベルを貼った隅にラットが近づいたときに，電極から
弱い電気刺激を脳内に与えた。このような経験を繰り返すと，ラットはＡ
というラベルを貼った隅に進んで近づいていくようになる。そこで，オルズ
らはＢに近づいたときに電気刺激を与えるように手続きを変更した。する
と，今度はラットはＢに近づいていくようになったのである。

　このことは，「4章　学習」で紹介したオペラント条件づけの原理で説明
することができる。すなわち，ラットがＡに好んで近づくようになったの
は，「Ａに接近する」という自発反応に対し報酬が与えられたからだと考え
られる。このときの報酬は何かというと，中脳への電気刺激が引き起こした

"快感"だったのではないかと推測される。

2）脳内自己刺激実験

　その後，オルズらは動物の快をつかさどる脳内の仕組みを明らかにするために，電気刺激実験を組織的に行った。

　実験に使った装置はスキナー箱である（図7-6）。この中にラットを入れる。スキナー箱には1本のレバーがあり，これをラットが押すと，ラットの脳内に植え込まれた電極から微弱な電気刺激が与えられるという仕組みになっている。この方法により，ラットは自分で自分に電気刺激を与えることができるというわけだ。実験者は，ラットによるレバー押しの回数や，レバー押し反応の間隔時間などを測定する。電気刺激をほしいと思えばラットはレバーを何度も押すはずであるから，ラットが感じている快感の強さとレバー押しの回数とは密接に関わっているのである。このような研究方法のことを**脳内**

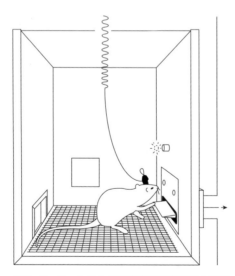

図7-6　ラットによる脳内自己刺激実験の様子

スキナー箱の中に入れられたラットがレバーを押し
下げると，脳内に植え込まれた電極から微弱な電気
刺激が与えられる仕組みになっている。

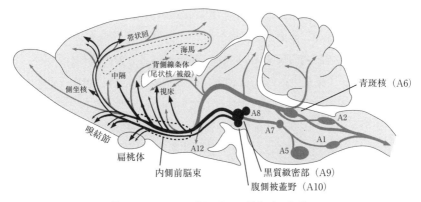

図7-7　ラットの脳の中での神経系の投射

ドーパミン作動性神経（■■）とノルアドレナリン作動性神経（■■）とが内側前脳束を経由して前頭部に投射している。

自己刺激（intracranial self-stimulation：ICSS）とよんでいる。

　ICSS を用いた研究により，**内側前脳束**（medial forebrain bundle：MFB, 図7-7）とよばれる部位に電気刺激が与えられたときにラットはもっとも活発にレバーを押すことが判明した（もっともレバー押し反応を多く引き起こす部位では1時間あたり約5000回のレバー押し反応が引き起こされた）。

3）快の中枢

　内側前脳束というのは，中脳と前脳を結ぶ神経線維の束である。いったい，ここに快を感じる上でどんな秘密が隠されているのだろうか。

　このことを明らかにしたのがウンゲルシュテットである。彼はラットの脳を使って2種類の神経系について調べていた。1つはノルアドレナリン（noradrenalin）という神経伝達物質を放出するノルアドレナリン作動性神経（noradrenergic neuron），そして，もう1つはドーパミン（dopamine）という神経伝達物質を放出するドーパミン作動性神経（dopaminergic neuron）であった（図7-7）。実は，内側前脳束にはこれら2種類の神経系が神経線維を送っていたのである。このことから1970年代から1990年代にかけては内側前脳束を通過するノルアドレナリン作動性神経とドーパミン作動性神経が快情動に

とって重要であると考えられてきた。だが最近の研究では，快情動における
ドーパミン作動性神経の働きが重視されている。特に腹側被蓋野から側坐核
に投射する経路の**脳内報酬系**（brain reward system）としての働きが注目され，
快情動の発現，やる気（cf. Tsutsui, Nishizawa, Kai & Kobayashi, 2011），ギャンブ
ルや薬物への依存にもこの神経が関与していることが明らかにされてきた。
その一方で，ノルアドレナリン作動性神経はストレス場面において，心拍数
を上げたり血流を増加させるなど，自律神経系の働きを高めてストレスに対
処する働きをもつことが注目されている。

4.　動機づけの基本概念とホメオスタシス

　行動が生起するには何らかの原因が存在すると考えられる。たとえば，
ペットのネコにエサを与える場面を想像してみよう。ネコがエサを食べるに
は，まず，そこにエサが実在しなければならない。しかし，たとえ目の前に
エサがあったとしても，ネコがそれをすぐに食べはじめるとは限らない。た
とえば，そのネコが満腹だとするならば，ネコはそのエサに見向きもしない
かもしれない。目の前にエサが置かれ，そのときに空腹である場合に，はじ
めてネコはエサを食べはじめるのである。このときのエサのように生体の外
側にあり，行動にきっかけを与え，方向づける機能をもつものを**誘因**
（incentive）という。一方，空腹感のように，動物を行動に駆り立てる生体内
の条件を**動因**（drive）という。動因とほぼ同様の意味を表すために**動機**
（motive）という言葉が使われることもある。
　ところで，人間や動物の行動に関与する動機の中で，生物学的なメカニズ
ムによって支配されている動機のことを，**生物学的動機**（biological motive）
という。特に，生体が生体内の生理的状態を一定に保とうとする働き，すな
わち**ホメオスタシス**（homeostasis）に基づいた動機のことを，**ホメオスタシ
ス性動機**（homeostatic motive）という。たとえば，摂食，摂水，体温調節，
排泄，睡眠などがそれに該当する。体内の栄養分や水分が不足した場合には，

不足を補うために栄養や水分を補給する必要があり，それを達成するには，摂食行動や飲水行動の遂行が必要なのである。ではどうやって人間や動物に摂食行動や飲水行動を誘発するのかというと，「お腹がすいたなぁ！」とか「のどが渇いたなぁ！」という気持ちを人間や動物に引き起こせばよいのである。私たちは「お腹がすいた」と感じれば，食べ物を食べるための行動をスタートさせるし，「のどが渇いた」と感じれば，飲み物を飲むための行動をスタートさせる。まさに，そのような“気持ちを引き起こすこと”こそが，動機づけなのである。

　生物学的動機にはホメオスタシス性動機に含まれない動機がある。たとえば**性動機**（sexual motive）である。性動機は，動物が性行動を遂行し，子孫を残すために重要な役割を果たしている動機である。性動機の喚起には脳やホルモンなどの生物学的メカニズムが関与していることが明らかである。しかし，体内の何かが不足して，バランスを保つために行動を起こさなければならないようなタイプの動機ではない。したがって，ホメオスタシスに基づいた動機とは考えられていないのである。生物学的動機に基づき発現すると考えられる摂食行動や性行動について，次節で紹介する。

　人間の行動には，生物学的動機のほかに，社会や文化の中で生きていく過程で獲得される動機もある。たとえば，「他人からほめられたい！」とか，「偉くなりたい！」というのも一種の動機づけであり，人間の行動をやる気にさせる力をもつ。このような社会生活や他者との関係に基づいて喚起されるような動機を**社会的動機**（social motive）という。社会的動機の中で，よく研究されている問題の１つに，**達成動機**（achievement motive）がある。達成動機は，困難や障害を克服して目標を成し遂げたい，あるいは他者との競争場面において何とか勝って自分が有能であることを確かめたいという動機である。また，**親和動機**（affiliation motive）の問題もよく研究されている社会的動機の１つである。親和動機とは，他人と仲良くして友好関係を維持したいという動機である。

　ここまで，動機づけ行動に生物学的な基盤があるのか，それとも社会的な背景があるのかという視点から動機の分類を行ってきた。一方，動機を強め

る原因が生体の外側にあるのか，内側にあるのかという視点で動機づけを分類することも可能である。4章の5. で紹介したオペラント条件づけの場合のように，報酬を獲得することが目的で行動したり，嫌悪刺激を避けるために行動するケースでは，動機を引き出す要因が外的に存在していると考えられる。このように外的に存在する何らかの理由により動機が強められる場合を，**外発的動機づけ**（extrinsic motivation）という。それに対し，好奇心や興味など，生体の内部に存在する要因により動機が強められる場合を，**内発的動機づけ**（intrinsic motivation）という。内発的動機づけの過程に関与すると考えられる**内発的動機**（intrinsic motive）の詳細については後述する。

5. 生物学的動機に基づく行動

1）摂 食 行 動

先にも述べたように，人間や動物に**摂食行動**（feeding behavior, eating behavior）を開始させるためには，ただ単に目の前に食べ物を置くだけではダメである。「食べたい」と思わせ，食べる気にさせなければ，決して摂食行動は開始されないのである。そのような意味で，摂食行動の開始には「空腹感」が非常に重要な役割を演じている。

ところで，「空腹感」はいったい何によって引き起こされるのか？

もっとも有力な要素は，脳内の視床下部という部位の働きである。ヘザリントンとランソンは，**視床下部腹内側核**（ventromedial nucleus of the hypothalamus：VMH）という領域の損傷がラットに過食と肥満を引き起こしたことから，この領域が摂食行動を抑制する信号の発信に関与しているとし，満腹中枢であると考えた（図7-8）。また，アナンドとブロベックは**視床下部外側野**（lateral hypothalamus）を損傷すると摂食行動が起こらなくなることから，この領域が摂食中枢であると考えた。

また，血糖値が空腹感の知覚と密接に関わっていることは古くから知られていた。ご飯やパンなどの炭水化物が消化されるとグルコース（ブドウ糖）

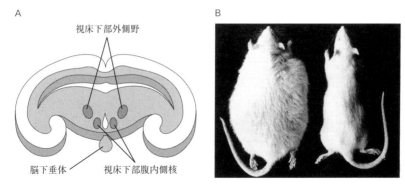

図7-8　ラットの摂食行動の中枢（Huffman, et al., 1995）

A　ラットの脳の断面図。視床下部外側野と視床下部腹内側核の位置関係がわかる。
B　視床下部腹内側核を破壊したラット（左）と正常なラット（右）。

となり，それが血液中を通り筋肉や臓器が活動するためのエネルギー源として使われている。血液中のグルコース濃度を血糖値というが，これが低いと空腹感を感じるとともに食物摂取が増加する。たとえば，インシュリンを投与すると血糖値が低下し，動物の摂食行動は増加する（MacKay, Callaway, & Barnes, 1940）。また，時々刻々と変化する血糖値をモニターし，血糖値の低下とともにラットが摂食行動を開始することが実験的に証明された（Louis-Sylvestre & Le Magnen, 1980）。

2）性　行　動

　ある動物が何らかの理由で**性行動**（sexual behavior, copulatory behavior）をまったく遂行することができなかったとしても，そのことが原因でその動物が死んでしまうことはない。性行動は生物学的動機によって支えられている行動ではあるが，そのような理由からホメオスタシス性の動機とは考えられていないのである。しかし，種の保存にとって性行動はきわめて重要な行動であることは間違いない。ここでは，性行動の遂行に関わる神経内分泌学的知見のいくつかを紹介しよう。

　まず，性行動のことを考える場合に重要なことは，オス（あるいは男性）の性行動と，メス（あるいは女性）の性行動とがあり，それらが異なる神経内分

泌学的基礎を有するということである。たとえば，性行動の遂行には**性ホルモン**（sex hormone）が関与していることが明らかである。オスの場合には，精巣から**アンドロゲン**（androgen）とよばれる性ホルモンが分泌され，メスの場合には，卵巣から**エストロゲン**（estrogen）や**プロゲステロン**（progesterone）とよばれる性ホルモンが分泌される（実際には少量であるが，精巣からもエストロゲンが，そして卵巣からもアンドロゲンがそれぞれ分泌される）。それらの性ホルモンが，それぞれの性に特有の生理機能や行動の発現に関与しているのである。

　これらの性ホルモンの分泌には，視床下部が重要な働きを担っている。オスの場合には視床下部の中の**視索前野**（preotic area：POA）とよばれる部位が特に重要で，この領域を電気的に刺激すると交尾行動が促進され（Malsbury, 1971），破壊によって交尾行動が消失する。一方，メスの場合には視床下部腹内側核が重要である（この領域は，摂食行動における満腹中枢としての働きを紹介した）。視床下部腹内側核にはエストロゲンの受容体が多数存在し，メスのラットを用いた実験で，この部位に微量のエストロゲンを注入しただけで，性的感受性が高められることが報告されている。

6.　内発的動機

　幼児が夢中になってお絵かきしている姿を見かけたり，小学生がゲームに興じている姿を見かけたりすることがある。何がそうした行動を駆り立てているのだろうか。ためしに彼らにそれをしているのはどうしてかと聞いてみれば，きっと彼らは，楽しいからだとか好きだからとかと答えるに違いない。つまり，彼らにとって，それらは行動すること自体がその目標となっているのである。こうした行動を駆り立てる要因となる動機が内発的動機である。内発的動機にはいろいろな動機が知られている。

　知覚遮断の実験（3章）でみたように，被験者たちは一様な刺激しか受け取ることができない退屈な状態に我慢できなかった。ということは，彼らは，いろいろなものを見たい，聞きたい，触れたいというように，感覚・知覚を

働かせたいとする動機を喚起していたのである。このような動機は感性動機とよばれる。

　見慣れた光景，よく知っていることは私たちに安心感を与えるだろうが，だからといって常にそれに満足していられるかといえば，そういうわけでもないだろう。たまにはいつもと違った珍しいものを見てみたい，新しいことを知りたいとする衝動に駆られることがあるに違いない。このように新奇な刺激を求める動機は好奇動機（好奇心）とよばれる。だから私たちは，水族館に行って奇妙な生物を眺めたり，百科事典の頁をめくってみたりするのである。新生児もすぐ見慣れてしまう単純な図形よりもすぐには見慣れない複雑な絵柄の方に関心を示して，それを長く見る傾向がある（Fantz, 1963）。サルも静止画よりも動画のような変化のある映像を好んで見ようとする（Butler & Woolpy, 1963）。

　子どもが折り紙に熱中している光景を目にすることがある。彼らは，そうすることで親からほめられたりお菓子をもらえたりするわけでもないのに，折り紙に熱中する。彼らは手指を使って折り紙を折ってみることで，それがいろいろに形を変えていく様子を楽しんでいるのであろう。このように手指を使っていろいろに操作したいとする動機は操作動機とよばれる。サルも留め金のような機械仕掛けのパズルを与えられると，その操作に熱中していたという（Harlow, Harlow, & Meyer, 1951）。

　感性動機，好奇動機，操作動機などを満足させるには，適度に豊富な環境刺激が必要だということができる。デニス（1991）は，身寄りのない赤ちゃんがある施設に引き取られて養育されたところ，そのほとんどが知的発達の遅れを示してしまったことを報告している。デニスによると，この施設には，普通の養育環境にあるはずの環境刺激，つまり内発的動機を満足させる刺激がきわめて乏しかったという。内発的動機を満足させることは，正常な知的発達を促し個体を維持する大切な役割を担っていると考えられる。

7. フラストレーションと葛藤

　人や動物が何らかの行動をしようと動機づけられているとする。たとえば，お腹がすいているから何かを食べたいということでもよいし，恋人に早く会いたいということでもよい。どちらの場合も，目標があり，それに向かって行動をしようとしているわけである。このとき，何らかの障害がその目標に到達する行動を妨げている状態を，**フラストレーション**（frustration）という。食事をしようと思っていたら，急に電話がかかってきて，食事に出かけられなくなったとしたらそれはフラストレーションであり，恋人とデートする約束があるのに上司から残業を頼まれたとしたなら，それもフラストレーションなのである（図7-9）。

図7-9　フラストレーションの例

目標に向かって行動している人が，その行動
を妨げられている状況がフラストレーション
の状況である。

1）フラストレーション反応

　フラストレーションの状態にある人や動物は，非合理的で適応性を欠いた特徴的な反応を示すことがある。これを**フラストレーション反応**（frustration response）という。代表的なフラストレーション反応の１つに**攻撃**（aggression）がある。たとえば，エサを食べているイヌからエサを取り上げると，そのイヌはエサを取り上げた人に噛みつくなど，攻撃をする。あるいは，子どもが遊んでいたおもちゃを友達に取られると，おもちゃを取った友達を攻撃する。これらはフラストレーションによって誘発された攻撃行動と考えられる。また，**退行**（regression）もフラストレーション反応の１つである。退行とは，より未発達で幼稚な発達段階へと逆戻りする現象である。たとえば，子どもに弟や妹ができると"赤ちゃんがえり"するとか，いったんなくなった夜尿が再び現れるといわれるが，それは退行によって説明される。**固着**（fixation）は，その場における問題解決とは関係のない反応が持続的に繰り返されることをいい，たとえば爪噛み，貧乏ゆすりなどがそれにあたる。

2）葛藤（コンフリクト）

　２つあるいはそれ以上の動機があり，それらの動機の強さはほぼ等しいが，その方向が相反しているような状況を**葛藤**（conflict）という。レヴィン（Lewin, 1935）によれば，葛藤には３つの基本型がある（図7-10）。第一の型は**接近－接近葛藤**（approach-approach conflict）で，２つの目標が同じくらい魅力

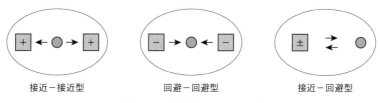

接近－接近型　　　　　　　回避－回避型　　　　　　　接近－回避型

図7-10　葛藤状況の３つの型

レヴィンは葛藤を３つの型に分類した。小さな円は自分を示し，＋と－はそれぞれ個人が接近したいと思っている対象なのか，または回避したいと思っている対象なのかを示している。矢印は行動の方向（接近か，回避か）を示している。

的であるが，1つを選ばなければならないような状況である。たとえば，2つの大企業の就職試験に合格し，最終的には一社に絞らなければならないような状況である。他人からは羨ましがられる状況であるが，本人にとっては意外と苦しい状況である場合が多い。第二の型は**回避－回避葛藤**（avoidance-avoidance conflict）である。どちらも同じように回避したい2つの目標の間におかれ，しかもいずれか一方を選択しなければならないような状況である。たとえば，試験勉強はやりたくないが，単位を落とすのもいやだという状況はこの葛藤である。第三の型は**接近－回避葛藤**（approach-avoidance conflict）で，魅力的な目標に到達しようと思うのだが，目標に到達するにはどうしても回避したい対象を克服しなければならないような状況である。飛行機に乗ることをかたくなに拒んでいる人が，どうしても海外に行きたいときはこのような状況かもしれない。

8. ストレス

　私たちは日常生活の中で常にストレスを経験している。「明日，試験がある」となればストレスを感じるし，「友達とケンカをした」ならばそれもストレスだ。私たちの生活は常にストレスと隣り合っている。三川（1989）によれば，親族が亡くなったとき，夫婦関係や会社での人間関係に問題が生じたときに私たちは特に強いストレスを経験する（表7-1）。私たちがストレスを感じるのは，そのようなネガティブなライフイベントに遭遇したときだけとは限らない。一見すると喜ばしいことや楽しそうなライフイベントであったとしても，ストレスを引き起こす場合がある。たとえば，マイホームを購入したり，引っ越しをしたり，長期休暇や子どもが生まれること。私たちの日常生活には，ストレスの原因となりうるライフイベントが実にたくさんある。
　セリエによれば，そもそもストレスというのは生体が有害な刺激にさらされることからはじまる。セリエは生体にとって有害な刺激のことを**ストレッサ**（stressor）とよんだ。では，どんな刺激が生体にとって有害かというと，

表 7-1　日常生活でストレスを引き起こす主要因（三川，1989 を改編）

この表が示すように，ストレスは日常生活におけるさまざまな場面で経験する。また，ストレスは必ずしも辛いことや悲しいことがあったときだけに引き起こされるわけではない。結婚や子どもの誕生のように，一見すると喜ばしいイベントであったとしてもストレスを引き起こす原因となることがある。

順位	ライフイベント	ストレス得点	順位	ライフイベント	ストレス得点
1	子どもの死亡	94	23	近所とのトラブル	68
2	配偶者の死亡	92	24	退職	67
3	交通事故	89	24	友人とのトラブル	67
4	親の死亡	86	24	成績不振	67
5	失業	84	24	法律違反	67
5	離婚	84	28	仕事上の地位（責任）の変化	66
7	借金の返済ができないこと	80	29	仲間から孤立すること	65
7	配偶者の浮気	80	30	義理の家族とのトラブル	64
7	大きなケガや病気	80	31	マイホームの購入	62
10	家族の病気	79	32	夫婦げんか	61
11	夫婦の別居	78	32	結婚	61
11	長期入院	78	34	勤務先の大きな変化（合併・組織変更）	60
13	家計状態の困難	75	34	就職	60
14	仕事上の失敗	74	36	勤務時間や労働条件の変化	58
15	両親の離婚	73	37	転居	57
16	転勤	71	38	配偶者の妊娠	53
16	親友の死亡	71	38	長期休暇	53
18	親とのトラブル	70	40	子どもの独立	52
19	100 万円以上の借金	69	41	子どもの誕生	51
19	上司とのトラブル	69	41	配偶者の就職	51
19	失恋	69	43	年の暮れ	35
19	子どもとのトラブル	69			

実にさまざまな刺激が私たちにとって有害な刺激になりうる。たとえば，「暑い」とか「寒い」という刺激は私たちにとってストレッサとなりうるし，「うるさい」や「臭い」もストレッサとなりうる。さまざまなストレッサを，その原因に基づいて 3 つのタイプに分類することができる。すなわち，寒さや騒音のような物理的な刺激がストレッサとして働いている場合に，それらを物理的ストレッサといい，恐怖や愛情の喪失のような心理的な刺激がスト

レッサとして働いている場合に心理的ストレッサ，病気やケガのような生物学的な刺激の場合には生物学的ストレッサという。

ストレッサがどんなタイプであろうと，生体はストレスに対していつも決まった（＝定型的な）心理的または生理的反応を示す。たとえば，発熱したり，心拍数が増えたり，食欲が低下したり，あるいは副腎から副腎皮質ホルモンが分泌したりする。このような反応を**ストレス反応**（stress response）という。食欲低下や発熱は私たちが風邪をひいたときによく経験する生体反応だ。まさしくその生体反応こそが，ストレス反応である。思い出してほしい，発熱や食欲低下などの反応が，風邪をひいたときだけでなく，ケガをしたときや，精神的に落ち込んでいるようなときにも現れるということを。このようなストレス反応は，生体がストレスを乗り越えることに役立っているという。しかし，ストレスが長期にわたると状況は一変する。ストレスが身体的，心理的疾患のきっかけとなる場合もありうる。

セリエは生体がストレッサにさらされた場合のストレスの過程が３つの段階から構成されると考え，それを**汎適応症候群**（general adaptation syndrome）と命名した。第一の段階は**警告反応期**（alarm reaction）とよばれ，この段階でストレスに耐えるための生体内での準備が急激に進行する。第二の段階は**抵抗期**（stage of resistance）とよばれる。生体内でストレッサへの生理的抵抗が進む段階だ。しかし，ストレスに長期的にさらされ続けると，ストレスに抵抗するためのエネルギーが枯渇し，次の段階の疲憊期に入る。**疲憊期**（stage of exhaustion）では生体機能の一部が低下する。たとえば，内分泌機能や心拍数，体温の低下などがみとめられる。この状態が続くと，さまざまな疾病を引き起こすこととなる。すなわち，ストレスが疾病を引き起こすことになる。

セリエによるストレスに関するこのような学説のことを**ストレス学説**（stress theory）とよぶ。

セリエによるストレス学説が生理学的視点に立った考え方であったのに対し，心理学的視点からストレス理論を展開したのがラザルスであった。ラザルスによれば，ストレス反応の発現には２つの要因が関与していて，その１

つはストレッサを受けた当事者がそれを有害だと思うかどうかである（**認知的評価**, cognitive appraisal）。有害だと思えば，強いストレス反応が現れるだろうし，有害だと思わなければストレス反応は現れないと考えられる。もう1つは，たとえ有害だと感じたとしても，それに対して適切に**対処**（coping）できればストレス反応は低く抑えることができる。このように，認知的評価とコーピング（の評価）によってストレス反応の現れ方が決まってくるというのが，ラザルスのストレス理論である。

　最初に書いたように，ストレスは日常生活の中でも経験することがある。ストレスの問題はそれほど身近な問題である。しかし，ストレッサがとても強力であったり，あるいは長期間にわたってストレスにさらされるような事態になると，ストレスは深刻な精神的問題へとつながっていく。すなわち，ストレスが精神的健康や身体的健康を阻害する場合がある。たとえば，地震や津波，原発事故など災害が起こった地域で被災者におけるストレスの問題が長期化し，それにより被災者の精神的健康の阻害が引き起こされることが指摘されている（cf. Tsutsui, Ujiie, Takaya, & Tominaga, 2020; 筒井・高谷・氏家, 2016; 筒井, 2016）。

8章

発　　達

　これまでの各章を通して，読者は，人間がもつ高度な心理機能のさまざま
を理解したことであろう。こうした諸機能や，知能や性格（9章）のような
心理特性は，生まれてから長い年月をかけて変化していき，私たちは大人に
なる。それから先も私たちは変化していき老化し死期を迎える。このような
変化の過程が**発達**（development）である。近年では，人の生涯にわたる変化
を指して生涯発達（life-span development）という用語が使われることもある。
　発達的変化の特徴はいろいろある。発達は，前にあった過程が基盤となっ
て生じる。発達的変化には一定の順序がある。後述する発達段階は，この現
れである。発達的変化は一定の方向をもつ。その一つが分化と統合である。
未分化だった働きが分化していき，分化した働きが次は統合されていく。そ
して，発達的変化が進む速さには個人差がある。
　この章では，いかなる要因が人間の心理機能や心理特性の発達に影響する
のか，そして，どのような道筋に沿って発達していくのか，これら発達の規
定因と発達の過程に焦点をあてていく。

1.　遺伝と環境

　人は両親からの遺伝情報を受け継いで誕生し，いろいろな遺伝的特性が現
れてくるので，心理的な機能や特性が発達的に変化する原因として，**遺伝**
（heredity）がある。人は誕生の瞬間からさまざまな環境に出会い，いろいろ
な経験を積み重ねていくので，発達的変化の原因として**環境**（environment）

もある。本節では，発達を規定する要因となる遺伝と環境について，歴史的な経緯にも触れながら，考えてみる。

1）遺伝かそれとも環境か—生得説 対 経験説—

発達に関して遺伝と環境の2つの要因が取り上げられると，では，どちらが発達を決めるのか，という二分法的な議論に陥りやすい。これが遺伝−環境論争である。こうした論争の中で，遺伝を重視する立場は**生得説**（nativism）とよばれ，発達過程は遺伝的にプログラムされており，あとは時間の経過に伴っていろいろな特徴が次第に現れてくると考えていた。環境を重視する立場は**経験説**（empiricism）とよばれ，経験や学習が発達を決めると考えていた。ここでは，それぞれの立場の主張を簡単に紹介する。

（1）生得論者の主張（ゴールトンとゲゼル）

人間の才能は遺伝によって親から子へと受け継がれる。これを最初に研究した人として知られているのが，19世紀のイギリスの人類学者ゴールトンである。彼は生物進化の自然淘汰説を唱えたダーウィンのいとこにあたる人である。ゴールトンは才能の遺伝を検証するために**家系研究**（biographical study）を行った。この研究で，ゴールトンは法律，政治，科学，芸術などのいろいろな分野で優れた業績をあげた多くの人物を取り上げ，それぞれの家系から本人と同様に優れた才能をもった人が出現する割合を調べた。そして，それを普通の人の家系から優れた才能をもった人が出現する割合と比べたり，親，子，兄弟，祖父など本人との血縁関係の近さと優れた人物の出現割合を比べてみたりした。その結果から，彼は，才能は受け継がれる，と結論づけた。

心理学の中でも生得説を信奉した研究者として名高いのが，発達心理学者のゲゼルである。遺伝によって規定されているものが時間の経過とともに形として現れてくることを**成熟**（maturation）というが，彼は発達とは成熟の過程だと考え，経験や学習が発達に寄与する程度はわずかであるという成熟優位説を唱えた。たとえば，ゲゼルが行った運動発達についての実験を見てみよう（Gesell & Thompson, 1929; 1943）。彼は一卵性双生児の2人を被験者とし

て用い，一方の子ども（実験児）には生後46週から6週間にわたって歩行や階段昇りなどの運動訓練を与え，他方の子ども（統制児）には，その期間，そのような訓練を与えずに過ごさせた。すると，実験児は訓練後には4段の階段を26秒で昇ることができるようになり，この成績は統制児より優れていた。しかし，その統制児も，そのあと2週間の訓練を行うだけで同じ4段の階段をわずか10秒で昇ることができた。ゲゼルは，この結果を，まだ成熟が進んでいない生後の早い時期（46週目）から長期間（6週間）にわたって訓練するよりも，その同じ訓練を，成熟が進んだ時期（53週目）になってからはじめた方が，短期間（2週間）でもっと上手に階段を昇ることができるのだと解釈した。そして彼は，発達には神経系の成熟が重要で，訓練や学習が効果をもつようになるには，成熟によって神経系が適切な準備状態となっていなければならないと考え，**学習準備性**（レディネス：readiness）という概念を提唱した。なお現在では，学習準備性は成熟だけでなく過去経験も影響することが指摘されている。

（2） 経験論者の主張（ロックとワトソン）

　経験説の論者として真っ先に取り上げなければならない人物は，17世紀のイギリスの哲学者ジョン・ロックである。1章でも述べたように，ロックは，その著書『人間知性論』の中で（ロック，1972），観念（言葉や概念，心像など意識に上るいっさいのもの）の生得性を否定し，心をまだ何も書かれていない「白紙」（タブラ・ラサ）のようなものだとすると，私たちはどのようにしてさまざまな観念を備え，豊かな心を作ることができるのかと問い，それは経験からであると唱えた。何よりも経験を第一と考えるロックの思想は心理学に多大な影響を及ぼしている。

　心理学の中でも，極端な経験論者はアメリカの心理学者であり，行動主義の提唱者であるワトソンである（1章を参照）。彼は学習を重視し，あらゆる行動は刺激と反応の間の結合に還元でき，その結合は，少数の反射を除けば，経験によって学習されるものであると信じていた。ワトソンの経験論者としての徹底ぶりは，著書の中で「私に，健康で，いい身体をした1ダースの赤ん坊と，彼らを育てるための特別な環境を与えてくれれば，でたらめに選ん

だその1人を訓練して医者にも，法律家にも，芸術家にも，泥棒にでさえも
してみせよう」と述べた一節からうかがうことができる（Watson, 1930）。

2）遺伝もそして環境も―ラットの"学習能力"の規定因を通じて―

はたして，遺伝と環境は対立する関係にあるのだろうか。ここでは，ラッ
トを使った2種類の学習実験を取り上げてこの問題を考えてみよう。トライ
オン（Tryon, 1940; Boring, Langfeld & Weld, 1948 より引用）は142匹のラットに迷
路学習を行わせ，個体ごとに誤反応数を記録した。図8-1Aはこれらの
ラットの成績分布を示している。この分布から明らかなように，ラットの迷
路学習の能力には大きな個体差が見られた。そこで，これらのラットを学習
成績が高かったグループ（成績上位群）と低かったグループ（成績下位群）とに
分け，それぞれのグループ内でラットを交配させた。こうして生まれてきた
第1世代のラットにも同じように迷路学習を行わせた。そして，成績上位群
の親から生まれたラットの中でも成績の高いもの同士を，成績下位群の親か
ら生まれたラットの中では成績の低いもの同士を，それぞれ交配させた。そ
して，このような手続きを何世代にもわたって繰り返していった。

図8-1B〜Hは，第7世代までの各世代において，成績上位群の系統に属
するラットと成績下位群の系統に属するラットの成績分布を示している。そ
こからわかるように，世代が進むにつれて成績上位群と成績下位群の成績分
布が次第に分かれていき，第7世代ともなると，それらの間で成績分布が重
複する部分がほとんどなくなってしまった。このように，学習能力は親から
子へと受け継がれ遺伝する。

このトライオンの実験結果は，学習能力が遺伝によって決まることを示し
ているかのようにみえる。そうだとすると，学習能力は環境の影響を受ける
ことはないはずだと予想されるが，実際はそれほど単純ではない。

ハイモビッチ（Hymovitch, 1952）やフォーゲイスとフォーゲイス（Forgays &
Forgays, 1952）は，遺伝的に比較的等質な一腹仔のラットたちをいくつかの
グループに分け，これらを異なった環境で一定の期間飼育することで，生育
環境の違いが学習能力に影響するのかどうかを調べた。そのうちの1つの制

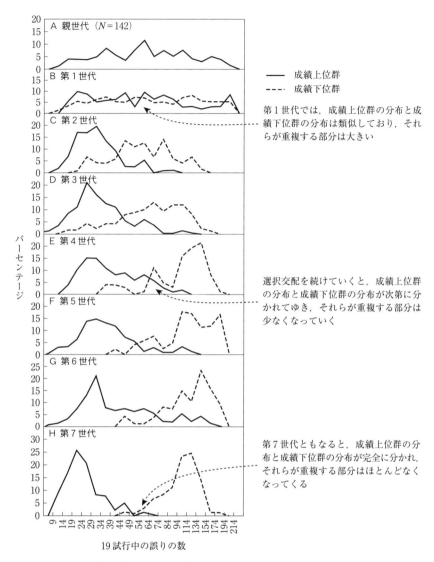

図8-1 ラットの迷路学習における選択交配の効果（Tryon, 1940; Boring, et al., 1948より）

親世代のたくさんのラットに迷路学習を行わせ，その成績から上位群，中位群，下位群の3つに分け，そのうち成績上位群と成績下位群で，それぞれ選択交配した。このような手続きで何度も交配を続けていったところ，第1世代でこそ，成績上位群から生まれたラットの成績分布（実線）と成績下位群から生まれたラットの成績分布（破線）とが重複する部分は大きかったが，世代を重ねていくうちに成績上位群の分布と成績下位群の分布が分かれてゆき，第7世代ともなると，これら2つの成績分布ははっきりと分離してしまった。

限環境グループのラットは生後すぐに1匹ずつ小さなケージの中で飼育された。この条件では，ラットは外を見ることはできず，ケージの中には何もものを置かず，自由に身体を動かすこともできなかった。つまり，このグループのラットは，通常の生育環境にはあるはずのいろいろな環境刺激が制限された状況で過ごした。もう1つの自由環境グループのラットは，大きなケージの中で仲間のラットと一緒に過ごし，外を見ることもでき，ラットにとっての遊び道具が置かれ，身体を動かすこともできた。つまり，このグループのラットは，通常の生育環境に近い自由な環境のもとで過ごした。

　こうして異なる生育環境のもとで過ごしたラットたちが成熟したあと，すべてのラットに迷路を使った学習課題を行わせてみた。すると，制限環境グループのラットは，自由環境グループのラットと比較して，その成績が著しく劣っていた。一腹仔のラットたちは皆等質な遺伝的素質をもつが，だからといって同じような学習能力を示すとは限らない。ラットが育つ環境が異なれば学習能力にも違いが生じる。つまり，学習能力は環境の影響も受けるのである。

　これら2種類の実験が教えてくれることは，遺伝と環境は対立する関係にあるのではなく，これら2つはともに働いて発達に影響する要因だということである。親から伝えられた遺伝的特性をもって生まれた個体は，その遺伝的な影響と，生後のいろいろな環境の影響とを受けながら発達していくのである。

3）双生児法

　人を対象にして，さまざまな心理機能の発達や，知能，性格などの心理特性の発達に遺伝も環境も影響することを，どのようにしてとらえることができるだろうか。むろん，選択交配したり生育環境をいろいろと実験的に操作したりすることはできない。先述した家系研究は遺伝の影響を調べる方法の1つかもしれないが，この方法は遺伝と環境の影響を完全には分離できていない。なぜなら，親は子どもに遺伝子を伝えるだけでなく，養育環境の与え手であり，子どもにとっての環境刺激ともなるからである。このような問題

を避け，遺伝と環境の2要因を分離させるのに好都合な方法として，**双生児法**（twin method）とよばれる双子を用いた研究手法がある。

　双生児法は以下のような考え方に基づいている。双生児には，一卵性双生児と二卵性双生児の2種類がある。一卵性双生児は1個の受精卵が2つに分裂して2つの個体となり成長した2人であり，彼らは遺伝情報を100%共有する。二卵性双生児は，2個の卵が別々の精子と受精して生まれてきた2人であり，彼らの間では，遺伝情報を半分だけ共有する。一方，環境の面から見ると，一卵性と二卵性の双生児とも，普通は，2人は一緒に養育されるので，いずれの双生児も，環境を共有している程度は同程度である。これらを前提として，双生児法では，ある特性について一卵性双生児2人の間の類似度と二卵性双生児2人の間の類似度とを比較する。もし，一卵性の類似度の方が二卵生の類似度よりも高ければ，その程度に応じて，遺伝要因による影響の強さを指摘できる。一方，環境要因の影響はいろいろな仕方で指摘できる。1つは，一卵性双生児の2人の間にいくらかでも不一致があれば，それは環境要因が影響していることを表している。つまり，一卵性の2人でも一人ひとりに固有の環境が影響していたために，不一致が生じたと考えるのである。また，何らかの事情で別々の家庭で育った一卵性双生児の2人と，同じ家庭で育った一卵性双生児の2人について，それぞれの類似度を比べてみて，それらの間の類似度に違いがあったならば，2人が同じ家庭で育ったのかどうかという環境要因の影響を指摘することができる。

　では具体的に，心理特性として人間の知的能力，つまり**知能**（intelligence）を取り上げ，それが遺伝と環境の両方の要因の影響を受けることを示した双生児研究を見ていく。この研究では，まず，一卵性と二卵性の双生児を多数集めて一人ひとりに**知能検査**（intelligence test）を実施し，個々人の**知能指数**（**IQ** : intelligence quotient）を測定する。そして，このIQについて，一卵性と二卵性の2人の間で**相関係数**（correlation coefficient）をそれぞれ算出し，この値を比較する。この相関係数が類似度を表す指標である。表8-1は，いろいろな血縁関係にある二者間のIQの相関係数を調べた多くの研究結果をまとめたものである。この表では，血縁関係のタイプごとに，2人が同じ家庭

表 8-1　血縁の程度と IQ の相関（丹野，1996 より）

血縁の程度	同　居		別　居	
	相関係数	研究数	相関係数	研究数
一卵性双生児	0.87	14	0.75	4
二卵性双生児	0.53	20	—	—
兄弟姉妹	0.49	35	0.34	3
実の親とその子ども	0.50	12	0.32	3
養親と子ども	0.19	6	—	—
他人どうし	0.25	7	-0.01	4

で育った場合と別々に育った場合の相関係数も示している。

　表 8-1 を見ると，一卵性双生児は他の血縁関係と比較して相関係数が格段に高い。この高い類似度は，知能が遺伝の影響を強く受けることを示している。また，別々に育った一卵性双生児の方が同居して育った二卵性双生児よりも相関係数が高い。つまり，遺伝的に同じである 2 人の方が，育った環境が同じである 2 人よりも類似している。これも遺伝の影響を示している。一方，環境要因の影響も表 8-1 のデータの中に含まれている。一卵性双生児の 2 人は遺伝的には同一であるから，遺伝だけが知能を決定するのであれば相関係数の期待値は 1.00 となる。しかし，実際はそのような値にはならない。これは，2 人の間に多少の不一致があることを示している。この不一致は，一卵性双生児といえども幼稚園や小学校でクラスが違っていたり，家庭内でも子ども部屋が別々に与えられたりするように，各人に固有の環境があり，それらが知能に異なった影響を与えたことを示している。また，一卵性双生児の 2 人が同居のときの相関係数は別居のときのそれより幾分か高い。同じ遺伝子を共有する 2 人でも同居かあるいは別居かという育った環境によって 2 人の間の類似度が異なるので，これは育った環境の違いが知能に影響することを示している。

　双生児法を用いた数多くの研究では，人が備えている能力や性格特性などについて，これらが遺伝と環境の影響を受けていることを報告している。表 8-2 では，認知能力，才能や性格特性について，一卵性双生児と二卵性双生児のそれぞれにおける 2 人のあいだの類似性（相関係数）を示している。

表8-2　人のいろいろな心理的側面での双生児研究の結果
（安藤，2011 より一部データを抜粋）

		一卵性双生児	二卵生双生児
認知能力	言語理解	0.78	0.59
	記憶	0.52	0.36
	推理	0.74	0.50
性　　格	神経症傾向	0.46	0.18
	外向性	0.49	0.12
	開放性	0.52	0.25
才　　能	音楽	0.92	0.49
	数学	0.89	0.04
	スポーツ	0.85	0.40

4）遺伝と環境の相互作用

　こうして見ていくと，皆さんは，遺伝も環境もともに発達に影響すること
を理解できたであろう。ただし，これらの2つの要因は相加的に発達に寄与
しているわけではない。むしろ，遺伝と環境はお互いに影響を及ぼし合いな
がら相乗的に人間発達に寄与している。言い換えれば，発達の過程で遺伝と
環境のうち一方の要因の効果が生じるかどうかは，他方の要因によって左右
される。これを遺伝と環境の相互作用という。以下では，遺伝と環境とが関
わる様子を見ていく。

　遺伝子異常が原因で起こる疾患の1つに，フェニルケトン尿症（PKU）と
いう遺伝性代謝異常が知られている。PKU の子どもは，食物中に含まれる
必須アミノ酸の一種であるフェニルアラニンをチロシン（アミノ酸の一種）に
代謝する酵素を欠いており，これが原因で，いろいろな問題を引き起こす。
その1つが脳の発育障害である。脳の発育が阻まれれば心理的には精神遅滞，
つまり知能発達の遅れが生じる。ところが，図8-2に示すように，出生後2
週間以内のごく早い時期にこの遺伝性代謝異常を発見し，すぐに適切な環境
条件，この場合はフェニルアラニンを制限した食餌療法であるが，これを用
意すれば知能の低下を最小限に食い止めることができる。しかし，この食餌
療法の導入が遅れてしまうと，知能発達の遅れを避けることはできない。こ

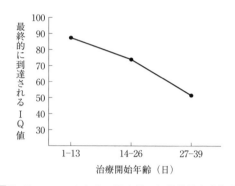

図8-2　フェニルケトン尿症児の知的発達と食餌療
　　　　法の開始時期との関係（矢野・落合，1991
　　　　を一部改変）

フェニルケトン尿症の子どもたちは脳の発育障害のため，
通常の養育環境のもとでは知的発達の遅れが生じてしまう
という。しかし，出生後のごく早い時期から制限食による
食餌療法を与えれば，知的発達の遅れを少しでも食い止め
ることができる。ただし，このような食餌療法の効果が現
れるかどうかは，この治療の開始時期と強い関係がある。

のように，たとえ遺伝子に何らかの異常があったとしても，皆等しくその遺
伝要因の影響を受けてしまうわけではなく，治療環境が与えられるかどうか
という環境要因との関わりで，知能発達は違った道筋をたどる。ちなみに，
現在では，新生児に出生後すぐにスクリーニング検査を行い，遺伝性代謝異
常の早期発見，早期治療ができるような体制が整っている。
　フェニルケトン尿症の事例は環境が遺伝の効果の出現に影響する場合で
あったが，遺伝と環境の相互作用については，次のような側面を捉える必要
がある。それは，子どもたちに遺伝性の疾患が現れることで，その研究が促
され，早期発見と早期治療の医療環境や社会環境が整い，こうして整備され
た環境が，今度は遺伝性疾患をもった子どもたちの知能発達の遅れを食い止
めるような形で影響する，という面である。つまり，遺伝と環境の相互作用
の考え方には，個人の特性，おそらくは何らかの遺伝的なものが関わってい
ると考えられるが，それが環境に作用し，するとその環境が個人へ作用する，
という双方向的な影響の与え方を含んでいる。音楽に格別の興味を示した子

どもは，そうでない子どもと比べて，音楽をいつも流しておくとか，楽器を与えるとか，さらに，音楽教育を受けさせるとか，こうした特別の環境を両親に次々と用意させるであろう。すると，そうした環境と関わり合って，音楽の才能が開花する可能性が高まっていくのである。

　行動の発達には成熟が不可欠である。たとえば，出生直後の子どもは仰向けで過ごしているだけだが，その後，図8-3に示すような順序で身体的運動を発達させていき，生後12ヶ月ほどで歩くことができるようになる。こうした順序性はどの子どもにも一般的に観察されるので，何らかの遺伝的なプログラムに基づいて神経系や筋が成熟し，これらの行動が自然に順次現れてくるように思えるかもしれない。しかし，こうした行動の発達には，成熟とともに日々の練習はもちろんのこと，練習を奨励したり練習環境を用意したりするなど周囲の人たち（特に親）からの働きかけも影響する。藤永・齋賀・春日・内田（1987）は，社会的な環境を剥奪されてしまった2人の子ども（救出時，6歳児と5歳児）の発達について大変興味深い成果を報告している。行動発達との関わりでは，彼ら2人には明白な遺伝的問題は見られなかったが，運動面で極度の遅れが生じ，中でも，ほとんど歩けなかったという。しかし，そうした状態にあった彼らも，その後の環境改善や回復訓練により急速な発達を示した。このように，成熟は環境や学習と関わり合うことで，行動の発達に影響するのである。

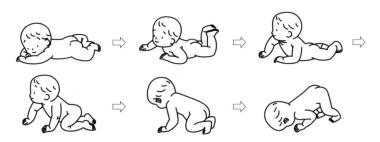

図8-3　初期の運動発達の例（Butterworth & Harris, 1994 を改変）

赤ちゃんの運動発達を見ると，まず頭を上げることにはじまり，しだいに頭と胸を上げて，それらを腕で支えることができるようになる（上段）。その後，四肢をついて身体をもち上げ，這いはじめ，そして，足を伸ばして立ちはじめるようになる（下段）。

成熟と学習の相互作用が観察されるのは身体的運動の発達ばかりではない。たとえば，視覚機能の発達も，眼球の構造や神経系が遺伝情報にしたがって正常に成熟すれば，自然とものが見えるようになってくるというわけではない。こうした成熟とともに，視覚刺激の豊富な環境に置かれ，そこでの視覚経験によって生じる何らかの学習があってはじめて，視覚が正常に機能するようになる。特に幼いときの視覚経験がきわめて大切であることが，動物実験や視覚機能の障害事例からも指摘されている。

　遺伝的な要因は受精の瞬間に成立する。そのあと，受精卵は子宮内で遺伝的プログラムにしたがって成熟し，中枢神経系，身体各部位や各器官を形成し，成長し，胎児となっていく（図8-4参照）。すると，胎児の成長も環境の影響とは無関係なことではなくなってくる。なぜなら，受精卵は子宮という環境のもとで過ごし，胎児へと成長していくからである。このため，母体の生理的な状態，たとえば，栄養状態が良好かどうかは胎児の発育に影響する。

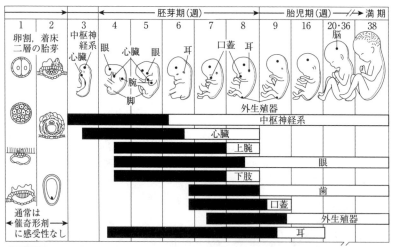

■：催奇形物質に対する高感受性期（主な奇形，異常の起こる期間）

□：催奇形物質に対する低感受性期

●：催奇形物質が働く一般的な位置

図8-4　出生前の発達と催奇形物質の影響（矢野・落合，1991より一部を改変）

また，胎児は胎盤を通して母体とつながっているため，図8-4に示すように，母体が摂取したさまざまな物質，たとえば薬物や毒物は胎児へも到達し，胎児の発達に深刻な影響を与えることも知られている。さらに，ウィルスの侵入（風疹がよく知られている）や放射線のような物理的な刺激なども胎児の発達に影響する。確かに胎児期の発達には成熟が大きなウェイトを占めている。だからといって環境は何ら影響を及ぼさないというわけではなく，胎児の健常な発達にも成熟とともに適切な環境を必要としている。いま取り上げた例は出生前の発達であったが，出生後の発達も考えてみると，環境刺激の豊富さからしてみれば，成熟と環境との関わり合いはもっと複雑なものになってくるだろう。

5) 発達に影響する諸要因

遺伝と環境の相互作用に見たように，遺伝と関わる環境には栄養や薬物のような物質的なものから両親の働きかけのような心理的なものまで多種多様であった。カナダの心理学者ヘッブは，発達に影響する諸要因を整理し，表8-3に示すような6つの要因に分類した（Hebb, 1972）。このうち要因Iが遺伝要因であり，残りの要因II〜VIはすべて環境要因である。要因IIとIIIは，出生前と出生後の栄養や毒物などの物理的・化学的な刺激による影響である。要因IVとVはいずれも経験要因であるが，そのうち，要因IVは，人間，サル，

表8-3　行動発達における要因の分類（Hebb, 1980）

要因	分類	原因，作用様式など
I	遺伝的要因	受精卵の生理学的特質
II	出生前の化学的要因	子宮内環境の栄養ないし毒物の影響
III	出生後の化学的要因	栄養ないし毒物の影響：食物，水，酸素，薬物など
IV	恒常的な感覚的要因	正常な場合には種に属するメンバーすべてに避けることのできない出生前後の経験
V	変動性の感覚的要因	種に属するメンバーによって互いに異なる経験
VI	外傷的要因	細胞を破壊するほどの物理的事象：要因I〜Vと異なり，動物がめったに身をさらすと思われないような"異常な"部類に属する事象

ネズミなど，それぞれの動物種の子どもにとって，通常の生育環境であれば，誰もが共通してもつ生育初期の経験である。**初期経験**（early experience）あるいは初期学習（4章を参照）とよばれる。一方，要因Vは各人各様の経験や学習をさしている。この表に見るように，ヘッブは，発達の過程で環境からの働きかけの仕方が実際は多様であることを指摘したかったのである。

　これらのうちたった1つの要因だけでは，いかなる発達も生じない。身体的な発達は要因Ⅰ，Ⅱ，Ⅲが関与し，さらに心理的な面の成熟には，要因ⅠからⅢに加えて要因Ⅳも大きな役割を果たしている。生得的な反射行動といえども，それが現れるようになるには要因Ⅰだけでなく，要因ⅡとⅢも影響する。日常のさまざまな行動は要因Vの学習だけが関わっていると思われるかもしれないが，実際には，それに加えて要因ⅠからⅣまでの影響と，さらには過去に要因Vによって学習したことによる影響も関わっている。

　人間行動の多くは間違いなく出生後の経験（要因Vに相当する）を通して学習されてきたものである。ヘッブは，そうなるためには要因Ⅳの初期経験が大切な役割を果たしているとして，この経験の効果を重視している（Hebb, 1972, 1980）。

6）初 期 経 験

　アヒルやカモのような早熟性の鳥のヒナは，孵化した直後にはじめて見る動く対象に追従していく行動を示す。ふつうは，それでヒナは親鳥のあとについていくのであるが，たまたま人間がその対象となってしまうと，ヒナは人間に追従行動を示してしまう。4章で詳しく紹介したように，動物行動学者のロレンツは，このような出生初期に生じる学習を刷り込み（インプリンティング）とよんだ。ヒナは出生後のごく限られた時期に愛着の対象をどれにするかを学習するのである。

　ハーロウとハーロウ（Harlow & Harlow, 1962）は，サルの子どもを用いた実験を通して，社会的行動の獲得にも初期経験が影響することを示した。彼らは，出生直後から子ザルを通常とは異なるさまざまな生育条件で飼育し，その後，その子ザルが成長してから示す社会的行動（遊び行動，防御行動，性行

表8-4　サルの社会的隔離実験の結果（Harlow & Harlow, 1962 の結果の一部を
　　　　抜粋し改変）

生育条件	観察時の年齢	行動評定			
		なし	低い	ほぼ正常	正常
完全隔離条件					
個檻で2年間の飼育	4歳	■　▲　●			
個檻で6ヶ月間の飼育	14ヶ月	▲　●	■		
個檻で80日間の飼育	10.5ヶ月			■　▲　●	
母ザルと過ごすが他の子ザルとの遊びなし	1歳	●	■		▲
母ザルと過ごし他の子ザルとも遊ぶ	2歳				■　▲　●
母ザルとは過ごさないが4頭の子ザルと一緒に過ごす	1歳				■　▲　●

(注) ■：遊び行動　▲：防御行動　●：性的行動

動）を観察した。表8-4には彼らの実験結果の一部を示しているが，出生後すぐに母親ザルや仲間のサルから引き離され，単独で個檻の中で飼育された完全隔離の条件では，その後，その子ザルは身体的には成長するものの，母親ザルや他の仲間のサルたちと一緒に育てられたサルと比べて，社会的行動に強い異常性が観察された。しかし，この行動異常は隔離されていた期間によって異なり，出生後2年間や6ヶ月間の隔離条件の場合は行動異常が観察されたのに対して，80日間という短い期間の隔離条件では，そのあと群れに戻れば最初は行動異常が生じたものの，その後およそ8ヶ月程度の間にほぼ正常の社会的行動を示すまで回復した。ハーロウらは，こうした諸実験の結果から，およそ生後3ヶ月から6ヶ月の間に，サルにとっての社会的行動の獲得の**臨界期**（critical period）あるいは**敏感期**（sensitive period）があることを示唆した。

　表8-4に示すように，この実験では，完全隔離の条件以外にも，子ザルを母親ザルとだけ一緒に過ごさせるとか，仲間の子ザルたちとだけ一緒に過ごさせるなどの条件も用いている。生後7ヶ月まで母親ザルとだけ一緒に過ごした子ザルでは社会的行動を獲得する程度は低かった。一方，たとえ母親

ザルと一緒に過ごさなくとも仲間の子ザルたち（4頭）と一緒に過ごした場合は正常な社会的行動を示していた。これらの結果は，サルの社会行動の獲得にとって仲間の子ザルたちとのやりとりが大切であることを示唆している。

　視覚機能の発達にも初期経験がきわめて大切である。ブレイクモアとクーパー（Blakemore & Cooper, 1970）は，ネコを生後すぐに，図8-5に示すような壁一面が縦縞模様（あるいは横縞模様）をした円筒型のケージで1日5時間，そして残りの時間は暗闇の中で過ごすような特殊な視覚環境のもとでおよそ5ヶ月の間飼育した。その後，このネコの行動を観察したところ，このネコは垂直方向の刺激に対しては注意を払うが，水平方向の刺激にはまったく注意を向けずに無視した。こうした行動と対応するように，このネコの脳内に

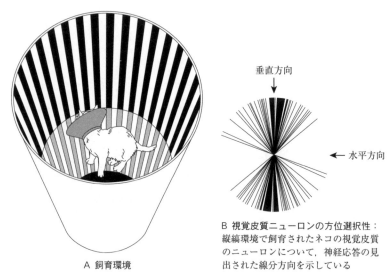

A 飼育環境

B 視覚皮質ニューロンの方位選択性：縦縞環境で飼育されたネコの視覚皮質のニューロンについて，神経応答の見出された線分方向を示している

図8-5　特殊な視覚環境（Blakemore & Cooper, 1970; A は Goldstein, 2002, B は深田，1981 より）

A　ネコを出生後2週間から5ヶ月ぐらいまで，1日5時間，この図のような縦縞（あるいは横縞）しか見えない部屋におき，それ以外は暗室の中で過ごさせた。その後，このネコの視覚行動をテストしてみると，自分が経験した縦方向の刺激対象には反応するが，未経験の横方向の刺激には反応しなかったという。B　大脳視覚皮質のニューロンの反応も，縦方向の線分にはよく反応するが横方向の線分に反応するニューロンは見出せなかったという。一方，横縞しか見えない部屋で過ごしたネコの場合は，視覚行動およびニューロンの活動とも，これと逆になる。

ある視覚皮質のニューロン（神経細胞）は垂直方向の線分に対しては応答したものの，未経験の水平方向の線分に応答するニューロンは見つからなかった。一方，横縞模様の円筒型ケージで同じように飼育されたネコの場合は，これらとまったく正反対の傾向を示していた。この実験は，視覚機能が出生初期の環境に応じるようにして発達していくということを示したのである。

　視覚機能の発達には，眼球や神経系の成熟が大切であることは間違いないが，この実験が示唆するように，豊かな視覚環境刺激を経験することもそれと同じく大切なことなのである。考えてみれば，こうした生後初期の視覚経験は，人間にとってもネコにとっても，普通に育てられているのであれば誰でも出会う当たり前の経験である。しかし，この当たり前の経験が，成熟しつつある視覚機能を活用し，その後の正常な発達にとって欠くことのできない重要な条件なのである。

2. ピアジェの発達段階

　私たち大人にとって，自分の子どもがいまどのような成長段階にあるのかを確かめることは意外と難しい。はっきりと成長の過程が確かめられるのは，身長や体重など，目に見えてその変化をとらえることのできる身体的な成長だけかもしれない。では，子どもの知的機能の発達や，認知発達については，いったいどのようにその過程を知ることができるのであろうか。ここでは，子どもたちの認知機能がどのように発達していくのかという問題について，20世紀にもっとも活躍した心理学者の一人であるピアジェの研究を通して考えていこう。

　ピアジェは子どもたちの認知発達が**同化**（assimilation）と**調節**（accommodation）という2つの働きによって支えられていると考えた（図8-6）。子どもがはじめて目にする未知のことがらに出会ったとき，たとえば自分がすでに身につけているやり方・考え方（ピアジェはこれを**シェマ**（schema）とよんだ）を用いて新しいことがらを自分の中に取り入れる場合を同化という。逆に，自分の

図8-6　同化と調節

A ある女の子が絵本でイヌというシェマを学んでいる。B その子が庭でネコを見つけ，それがイヌだと母親にいう。これは，新しい動物を既存のシェマに同化させようとしていることを示している。C すると母親はその子に，「いいえ，それはネコよ」という。こうして子どもはイヌというシェマを調節し，イヌというシェマにはネコが含まれないこと，イヌとは別にネコというシェマが存在することを学ぶのである。

シェマを修正することにより，その新しいことがらに適応しようとする場合を調節という。未知のことに出会ったとき，はじめは同化させようと試みるが，それでだめなら調節によって既存のシェマを変更する。このように同化と調節が相補的に作用することにより，子どもたちはさまざまな場面に適応できるようになり，認知機能を発達させていくと考えられる。

　ピアジェは認知発達が**感覚運動期**（sensorimotor period），**前操作期**（preoperational period），**具体的操作期**（period of concrete operations），**形式的操作期**（period of formal operations）の4段階で構成されると考えた。各段階は順序通りに進行する。子どもにより発達の速さに違いはあるが，徐々に進んでいくというよりは，むしろ突然，次の段階に到達するという変化を遂げる。次に，それぞれの発達段階について詳しく見ていこう。

1）感覚運動期

　感覚運動期は0歳から2歳までの時期をいう。言語を獲得するまでの段階であり，知的活動といえるようなものは示されないが，身体的運動の中に知能の芽生えのようなものをうかがうことができる。その1つに**循環反応**（circular reaction）がある。ある運動をすると，その結果として何らかの感覚

①提示されたぬいぐ
るみをじっと見つめ
る幼児

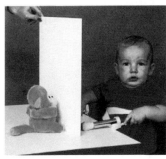

②しかし，衝立を置
き，ぬいぐるみを見
えなくすると，衝立
の向こうにあるぬい
ぐるみを探そうとは
せず，まるでぬいぐ
るみが存在しなく
なったかのように振
る舞う

図8-7　物の永続性（Atkinson, et al., 1996）

物の永続性を示す実験の場面。生後10ヶ月頃までの幼児は対象が視
野から見えなくなると，まるでその対象が存在しなくなったかのよう
に振る舞うことをこの実験では示している。10ヶ月を過ぎる頃になる
と，物の永続性が理解されるようになり，このような実験においては，
見えなくなったぬいぐるみを探そうと試みるようになる。

が生じたり，外界に変化が生じる。そのことに興味をもつと，もう一度同じ
ことをやってみる。このような活動の反復を循環反応といい，運動と感覚の
協応あるいは因果ということを経験する。また，この時期におけるもう1つ
の重要な側面は，**物の永続性**（object performance）ということである（図8-7）。
これは対象がたとえ視野から見えなくなったとしても，存在し続けるという
認識のことをいう。たとえば，生後8ヶ月に達していない幼児の目の前にぬ
いぐるみを置く。幼児はそのぬいぐるみをじっと見つめる。ところが，ぬい
ぐるみと幼児との間に衝立を置き，幼児からはぬいぐるみを見えなくする。
すると，幼児は衝立の向こう側にあるぬいぐるみを探そうとはせず，まるで

ぬいぐるみがなくなってしまったかのように振る舞うのである。しかし，生後10ヶ月を過ぎる頃になると，衝立の向こう側をのぞきこんでぬいぐるみを探そうとする。そのような行動を通じて，物の永続性が理解されていることがわかる。

2) 前操作期

　前操作期は2歳から6歳あるいは7歳までの時期をいう。言語の獲得により，実際の事物をシンボル（象徴）に置き換え，シンボルによる思考ができるようになる。たとえば，この時期に見られる象徴遊びやごっこ遊び（たとえば，おままごと，お医者さんごっこ，でんしゃごっこ，チャンバラごっこなど）は，

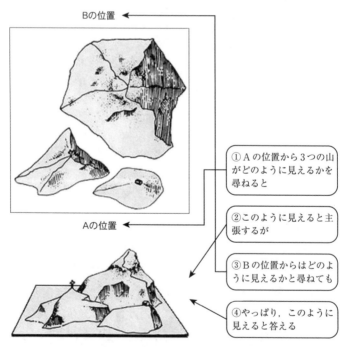

図8-8　ピアジェの三つ山問題

自分（Aの位置にいる）とは別の位置（Bの位置）にいる他者からの視点に立ち，他者から見た風景が自分から見える風景とは異なることを理解しているかどうかを調べるために使われる。

ある事物を別の事物に置き換える能力を反映する。親が使っている携帯電話の真似をして，積み木を使って「もしもし……」とやっているのは，まさにシンボルを利用した思考の現れである。この時期に特徴的なことの1つは**自己中心性**（egocentrism）である。自分とは異なる他の視点があることを知らず，すべてを自分中心の視点からしか認識することができない心性をいう。ピアジェの有名な実験に「三つ山問題（three mountain problem）」というのがある（図8-8）。3つの山を立体的に配置した模型を幼児に示し，自分とは別の位置にいる他者（すなわち別の視点）から3つの山がどのように見えるのかを想像させる。すると，他者がどの視点に立ったとしても，現在の自分から見える景色と同じ景色が他者にも見えているはずだと幼児は考える。これが自己中心性の現れである。この時期におけるもう1つの特徴は，**アニミズム**（animism）である。幼児は無生物にも意思や感情があると信じている。

3）具体的操作期

　具体的操作期は6歳，7歳から11歳，12歳までの時期をいう。この頃になるとある程度の論理的思考が可能になるが，それを可能にする重要な手が

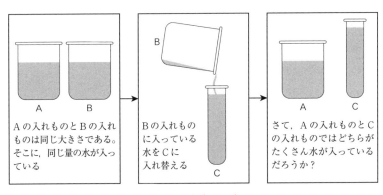

図8-9　保存の概念

小さい子どもは，量が多いあるいは量が少ないということを空間的な広がりに基づいて判断する傾向がある。たとえば，AとCには同じ量の水が入っているにもかかわらず，Cの方が多いと答えることがある。Cの方がAに比べて水面の位置が高くなったから，そのように答えているのかもしれない。しかし，保存の概念を獲得することにより，AとCの水の量は等しいと答えることができるようになる。

かりとなるのが保存の概念の獲得と，自己中心性からの脱却である。自己中心性については先に説明をしたが，この時期には他者からの視点が自分からの視点と必ずしも等しいとは限らないことを理解できるようになる。一方，**保存**（conservation）の概念である。小さい子どもは空間的な広がりによって量の大小を判断する。たとえば，一定量の水を，細いコップと太いコップに入れると，細いコップでは太いコップより水位が高くなる（図8-9）。子どもの目の前で同じ量の水を太さの異なるコップに移し変えたとしても，子どもは水位の高さに基づいて判断し，細いコップの水が多いと答える。ところが，具体的操作期の子どもは，どちらも量が変わらないと答えることができる。すなわち，外観がどのように変わったとしても，足されたり取り去ったりしなければ，数量は変わらないという保存の概念が獲得されるのである。ただし，この時期の論理的思考とは，実際に目の前にあること（もの）に限られる。極端な例であるが，指を使って 1 + 2 = 3 はできるのであるが（具体的操作），それを頭の中でやれるか（形式的操作）というと難しいのである。

4）形式的操作期

　形式的操作期は 11 歳か 12 歳頃からの時期をいう。この時期には，具体的なことに縛られることなく，論理的に考えることができるようになる。すなわち，抽象的な思考が可能になる。また，仮説を立てて推論を行ったり，「もし〜であれば，……だろう」という仮説演繹的思考もできるようになる。

3．エリクソンの発達理論

　人間の発達過程に関する従来のほとんどの研究は，個人が誕生してから成熟していく過程，すなわち思春期や青年期までの間に生じる変化に焦点があてられてきた。確かに生まれてから大人になるまでの間に生じる変化は非常にダイナミックであり，研究対象としてはとても面白い。しかし，人間の発達そのものは，大人になったら終わりというものではない。成熟していく過

程ほど劇的な変化は見られないが，成人したあとも私たちは変化を続ける。老化は，まさにそのような変化の過程で起こる一種の発達過程だといえるだろう。

　エリクソンによる発達理論は，人間が一生涯にわたって成長・発達を続けるという考え方に基づく。発達の過程を8つの段階に分け，各段階にはそれぞれ特有の**心理社会的危機**（psychosocial crisis）がある（図8-10）。心理社会的危機は，肯定的側面と否定的側面の葛藤として表現される。それぞれの段階における心理社会的危機を解決し，克服することが，各段階において達成しなければならない**発達課題**（developmental task）である。すなわち，エリクソンの発達理論における成長とは，各段階に特有の心理社会的危機を解決し，

		1	2	3	4	5	6	7	8
老年期	VIII								統合性 対 絶望
成人期	VII							世代性 対 停滞	
初期成人期	VI						親密性 対 孤立		
青年期	V					同一性 対 同一性拡散			
児童期	IV				勤勉性 対 劣等感				
幼児期後半	III			自発性 対 罪悪感					
幼児期前半	II		自律性 対 恥・疑惑						
乳児期	I	基本的信頼 対 不信							

図8-10　エリクソンの発達理論における心理社会的危機

エリクソンは，人間の発達過程を8つの段階に分け，各段階に特有の心理社会的危機があると考えた。心理社会的危機は肯定的側面と否定的側面の葛藤として表現されている。

克服していくことといえる。エリクソンは，心理社会的危機を解決しようとしまいと，人はすべての発達段階を通過していくと考えている。ただし，当該発達段階における心理社会的危機を解決できたかどうかということは，次の段階における心理社会的危機の解決に大きく影響を与える。

1）基本的信頼 対 不信（乳児期）

1歳頃までの心理社会的危機は**基本的信頼 対 不信**（basic trust vs. mistrust）である。生まれたばかりの乳児は，自らが活動して自分の欲求を満たすということはできず，すべてを自分の周囲の人間に頼らざるをえない。その意味で乳児は受動的存在といえる。お腹がすいている場合も，オムツを交換してほしい場合も，あるいは寒さや暑さを感じている場合も，自分で何とかするというわけにはいかないのである。そのとき，自分の欲求に対して周囲が十分に応えてくれることで，乳児は周囲（あるいは社会）に対して信頼感をもつことができるようになる。

2）自律性 対 恥・疑惑（幼児期前半）

1歳から3歳頃までの心理社会的危機は**自律性 対 恥・疑惑**（autonomy vs. shame and doubt）である。この頃になると運動能力や一部の精神機能も発達し，自分の周囲を探索してみたり，自分自身で何かを操作したりコントロールすることに興味をもつようになる。それゆえ，この時期の「自分でできた！」という経験が大いに自信につながり，自律性を発達させる。特に，トイレット・トレーニングでの成功感が重要だという意見がある。一方，失敗に対する批判や幼児の探索を制限することなどは幼児に羞恥心をうえつけたり，自分の行動が適切ではないのかもしれないという自分に対する疑惑の感覚を生み出すことにつながる。

3）自発性（積極性）対 罪悪感（幼児期後半）

3歳から6歳頃までの心理社会的危機は**自発性 対 罪悪感**（initiative vs. guilt）である。この時期の幼児は自発的な運動や知的活動が非常に活発にな

る。それゆえ，大人にとってみれば，"いたずら"と思えるようなことをたびたび目撃することとなる。そのとき，周囲の大人がどのように反応するかが非常に重要である。子どもらしい幼稚な発想あるいは未熟な行為であっても賞賛することで，幼児は自発性を獲得することができる。逆に周囲の大人がそれらに冷たく接したり，理解を示さないと，自発的に活動することはいけないことだという罪悪感を幼児は獲得してしまう。

4）勤勉性 対 劣等感（児童期）

6歳頃から12歳頃までの児童期における危機は**勤勉性 対 劣等感**（industry vs. inferiority）である。ちょうど小学校に通いはじめる時期である。この時期，小学校を中心とする家庭の外における経験が大きな影響力をもつようになる。小学校において，子どもたちは「世の中に規則がある」という経験をする。また，友達関係という小さな社会の中で「競争」という経験をする。がんばって規則を守ったり，一生懸命にやって競争に勝つという経験をすることで，がんばることの大切さを学び，勤勉性が芽生えてくる。ところが，結果がどうしてもよくならないとか，努力をみとめてもらえないという経験をすると，結局何をやってもダメという劣等感を子どもは身につけてしまう。

5）同一性 対 同一性拡散（青年期）

12歳から18歳の青年期における危機は**同一性 対 同一性拡散**（identity vs. confusion）である。エリクソンは**自我同一性**（**アイデンティティ**：identity）の獲得を人の発達における重要な課題の1つであると考えた。青年期こそ，この課題を解決し克服するべきタイミングということである。

この時期には思春期も含まれる。大人のいう通りにしているだけでよかった「子どもの頃」には戻れないのだと感じ，大人の入口の手前に立ったことを自覚する。ところが，大人のようにお酒を飲んだり，自由に振る舞うことはまだ許されず，子どもと大人の境界線というといわば「微妙な時期」なのである。自分が大人になることを意識するということは，自分がどんな人間で

あるのかを自覚し，これから自分がどんな方向に向かって生きていけばよいのかを決定しなければならないことに気がつくということでもある。そして，自分自身を社会の中にきちんと位置づけることができれば，それが自我同一性の獲得ということだ。

6) 親密性 対 孤立（初期成人期）

　初期成人期における心理社会的危機は**親密性 対 孤立**（intimacy vs. isolation）である。それまでの"濃密な"友人関係から，"大人の"友人関係へと変わっていく時期。たとえば，高校時代や学生時代の友人関係は"濃密"な友人関係であるが，会社のような職場でも同じような"濃密な"友人関係が築けるかというと，それは一般的には難しい。また，学校を卒業し，ひとたび社会人になると，それまで"濃密"な関係があった友人たちも自分から離れていくように感じられる。それにより孤立感，孤独感を感じることがある。しかし，前段階において自我同一性を獲得していることにより，自分の進むべき道筋が明確化されていると，友人関係の変化に戸惑うことはない。相手を大人として尊重することができ，"濃密"な友人関係から大人と大人の人間関係に移行できるようになり，その中から本当に親密な友人，あるいはパートナーを見つけることができるようになる。

7) 世代性（生殖性）対 停滞（自己没頭）（成人期）

　成人期における心理社会的危機は**世代性 対 停滞**（generativity vs. stagnation）である。関心の中心が自分自身から，家族や社会，子どもへと広がっていく。自分を犠牲にしてでも子どもや家族，あるいは社会を守り，次の世代につなげていこうという思いを強くする。しかし，このような関心が発達しないと，自分の所有物や自分自身の健康など，自分自身のことだけに関心が向けられるようになり，個人の発達は停滞してしまう。

8) 統合性 対 絶望（老年期）

　人生最後の段階である老年期における危機は**統合性 対 絶望**（ego integrity

vs. despair）である。過去の自分を振り返り，今まで自分が生きてきた道筋，活動など，過去のすべての自分を受け入れ，肯定的に統合していく。すなわち，自分の人生がそれでよかったのだ，精一杯やってきたのだと。ところが，自分の人生が不満で，後悔の念が強いと，残された人生がわずかであることを知ると同時に死が近いことを感じ，絶望感を感じる。

4. 老化のしくみ

1）高齢化の状況

　日本人の平均寿命は年々，長くなっている（図8-11）。厚生労働省の調べによると，2022（令和4）年には男性の平均寿命が81.05年，女性の平均寿命が87.09年。2011年3月に発生した東日本大震災や2020年1月にWHOが宣言した新型コロナウイルスのパンデミックの影響により寿命が短縮した年もあるが，それでもわが国の平均寿命は世界の国々と比較すると男女ともに世界のトップクラスを維持していることに変わりはない。このように人々が長生きできることはとても喜ばしいことであり，誰もが望んでいることであろう。

　図8-12はわが国の人口動態を示している。この図から日本の総人口は減少しつつあることが明らかだ。その一方で，65歳以上の高齢者の人口には減少のきざしが見られない。わが国の総人口は減っていくにもかかわらず高齢者人口は減少しないのだから，日本の総人口に占める高齢者の割合は上昇することになる。これこそが日本における高齢化の実状であり，その背景には少子化の問題がある。日本における高齢化の問題を「今よりも高齢者の数が増えること」と誤解している人がいるが，それは正しくない。

2）老化の意味

　一般的に高齢者とは65歳以上の人を指しているが，これは世界保健機関（WHO）の定義に基づいている。しかし，実際には高齢者であったとしても，

平均寿命（年）

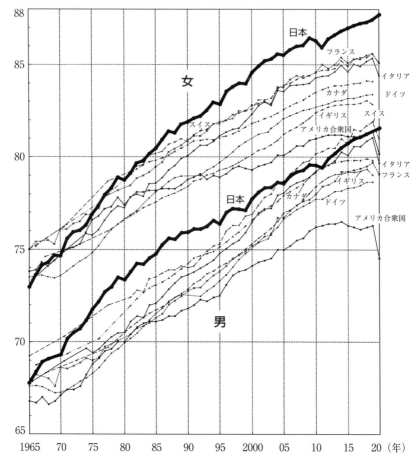

図8-11　わが国の平均寿命の推移と国際比較

わが国と欧米諸国の平均寿命の推移を男女別に示した（実測値は厚生労働省「第23回生命表（完全生命表）の概況」より引用）。

若々しく活動的であり，現役で活躍している人たちもいれば，逆に体力や気力に自信がもてなくなり，社会的活動からも引退して，老後の生活を送っている人たちもいる。このように，**老化**（aging）の進み方には個人差が大きいことがわかっている。では，老化とはいったいどのような変化をさすのであ

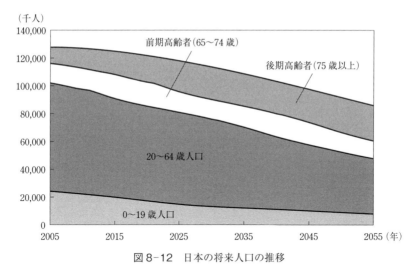

（千人）

図 8-12　日本の将来人口の推移

日本の総人口は年々減少する傾向にあるのに対して，高齢者の人口だけは減少する気配がない。
このことから，日本の人口に占める高齢者の割合が高くなることが予想される（国立社会保
障・人口問題研究所『日本の将来推計人口（平成 18 年 12 月推計）』による）。

ろうか。

　老化の定義は研究領域や研究者によっても異なっていて，一様であるとは
いえないが，次のような定義がこれまで考えられてきた。

　1.　老化とは，時間の経過とともに生体内に起こる変化の過程である。

　2.　老化とは，細胞が成長をやめるときに細胞内に起こる変化の副産物で
　　　ある。

　3.　老化とは，ホメオスタシスが減少し，環境に適応していく能力を失っ
　　　ていく過程である。

　また，医学的な観点からは，血管が古くなっていく過程であるという定義
や，細胞の脱水の過程であるという定義も見られる。

　では，老化の過程では私たちの体内でどのような変化が引き起こされてい
るのであろうか。そして，何が老化を引き起こす原因となっているのであろ
うか。

3) 老化を引き起こす要因

いったいどのような要因が老化を引き起こしているのか，この問題に対する答えはいまのところ明らかではない。もし，この問題に対する答えが明らかになったとすると，私たちはそれを利用してますます寿命を延ばすことができるかもしれない。

一般には，老化の生物学的モデルは大きく3つに分けることができる。すなわち，

・**有害物質蓄積説**

・**プログラム説**

・**擦り切れ説**

である。

これらを簡単に紹介すると，次のようになる。すなわち，私たちが生きていく過程で身体の中に悪いものが蓄積していく，たとえば呼吸によって悪いものが取り込まれるかもしれないし，食事によって取り込まれるのかもしれない。有害な物質が蓄積したことによって引き起こされるのが老化である，と考える立場が有害物質蓄積説である。また，プログラム説は遺伝子のレベルで老化や寿命がすでに組み込まれているという考え方である。最後の擦り切れ説は，私たちの身体や身体の各組織は年齢とともに古くなっていく。身体や組織が古くなることが老化なのだという考え方が擦り切れ説の立場である。

これらの中で，有害物質蓄積説の代表例として**フリーラジカル説**（free radical hypothesis of aging）を，プログラム説の代表例として**テロメア仮説**（telomere hypothesis of aging）を，擦り切れ説として血管の変化に端を発する老化をそれぞれ紹介する。

（1）　フリーラジカル説

図8-13は，私たち人間の身体を構成している細胞を示している。この中に，ミトコンドリアとよばれる器官がある。呼吸によって取り込まれた酸素がミトコンドリアに運ばれ，エネルギーに変換されるということは，すでに多くの読者は高校の生物の課程で学んできたであろう。その過程で発生する

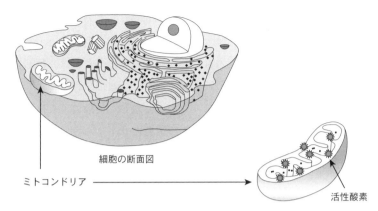

細胞の断面図

ミトコンドリア

活性酸素

図8-13　フリーラジカル説

ミトコンドリアで発生する活性酸素が身体の細胞や組織を攻撃する。活性酸素を除去する能力が加齢に伴い減少し，そのために活性酸素によるダメージを多く受けるようになり老化が引き起こされていると考えるのが，フリーラジカル説の立場である。

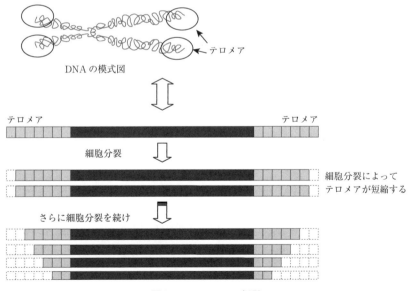

テロメア

DNAの模式図

テロメア　　　　　　　　　　　　　　　　　　　　テロメア

細胞分裂

細胞分裂によって
テロメアが短縮する

さらに細胞分裂を続け

図8-14　テロメア仮説

遺伝子DNAの両端にはテロメアとよばれる部分がある。テロメアは細胞が1回分裂をするごとに切り取られて短くなる。このことからテロメアは「細胞分裂数の回数券」とか，「命の回数券」などとよばれている。

のがフリーラジカルの一種，**活性酸素**（active oxygen）という物質である。活性酸素は身体の細胞や組織にダメージを与える作用をもつ。一方，私たちの身体には活性酸素を除去する能力もそなわっている。たとえば，**抗酸化酵素**（antioxidant enzyme）は活性酸素を無毒化するので，通常ならば私たちが活性酸素による影響を受けることはあまりない。しかし，加齢により抗酸化酵素の分泌が減少するなど活性酸素を除去する能力が低下すると，活性酸素が健康な細胞にダメージを与え，老化の原因になると考えられる。

(2) テロメア仮説

遺伝子 DNA の両端にテロメアとよばれる部分がある。図 8-14 には DNA の模式図を示したが，丸で囲んだ部分がテロメアである。テロメアは，細胞が 1 回分裂するごとに切り取られて短くなる。人間の場合は細胞分裂 50 回分の長さのテロメアをもって生まれ，50 回切り取られると，もうそれ以上細胞分裂ができなくなることがわかっている。つまり，そのときが私たちの寿命である。このように，テロメアの長さによって人の寿命の長さがあらかじめプログラムされているというのが，テロメア仮説である。

(3) 血管の老化

老化を引き起こす原因が血管にあると考える研究者もいる。通常，血管は必要に応じてその太さを変化させる機能をもっている。たとえば，運動している最中には酸素や栄養素が体内のさまざまな細胞で必要となり，それらを運搬するためにたくさんの血液を体内の隅々に運ぶ必要がある。このとき，もし血管が太くなれば大量の血液がスムーズに移動することが可能である。ところが，加齢に伴ってこのような血管を太くする機能は低下する。その理由は，血管拡張物質である**一酸化窒素**（Nitric Oxide：NO）の分泌が，年齢とともに減少するからである。血管拡張機能が低下すると，血管は硬くなり（動脈硬化），血管が広がりにくくなることで血栓ができやすくなり，それが脳梗塞や心筋梗塞などの原因にもなるといわれている。

4）寿命を延ばす方法

老化現象に対抗し，いつまでも若々しくいられるようにすることを**アンチ**

エイジング（antiaging）という。昨今では本来のアンチエイジング研究よりは，むしろ商業的な目的でのアンチエイジング研究が盛んに行われており，人々は若い身体・容姿を手に入れようと躍起になっている。一方，本来のアンチエイジング研究においては，これまで述べてきたような老化の謎に関する研究が行われると同時に，どのように人や動物の老化を遅らせ，寿命を延ばすことができるのかについて研究が行われてきた。

　人間や動物の寿命を延ばすための研究については，残念ながら現在のところ，ほとんど失敗しているのが現状である。たとえば，フリーラジカルを除去するために抗酸化物質をサプリメントとして摂取する方法が考えられ，実際に通信販売などでも売られているが，寿命を延ばすのに効果的だという証拠をつきとめた研究はない。また，男性ホルモンや女性ホルモンを投与して若返りを図るという試みもあるようだが，老化に特有の症状を緩和させる効果がある反面，発がん性など，身体に重大な影響を与える可能性も指摘されており，一般的には老化速度に影響するとは考えられていない。

　ところが，そんな中で動物実験のレベルではあるが科学的証拠の得られそうなアンチエイジングの方法があるということがわかってきた。それが，**カロリー制限**（caloric restriction）という方法だ。

　図8-15 は，カロリー制限をすることによって，マウスの寿命がどれくら

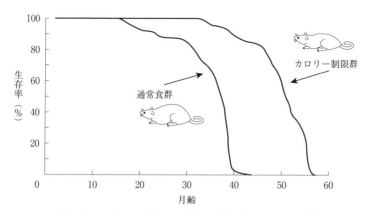

図8-15　カロリー制限と生存率の関係（Weindruch, 1996）

い延びるかを調べた実験である。横軸はマウスの月齢を，縦軸はマウスの生存率を示している。一方のグループは，カロリー制限をしながら飼育した動物で，もう一方のグループは，通常食によって飼育した動物である。

　この図を見ると，カロリー制限をしながら飼育したマウスは，通常食によって飼育したマウスに比べて，生存率が高いことがわかる。通常食で飼育したマウスの平均寿命が33ヶ月であったのに対して，カロリー制限で飼育したマウスの平均寿命は45ヶ月であったと報告されている（Weindruch, 1996）。このようなカロリー制限によるアンチエイジングの効果は，同じくウェインドルックらのグループにより2009年にサルを被験体とした実験で証明されているが，人間でも同じような効果が現れるのかどうかについては，いまのところ結論が得られていない。カロリー制限によるプラスの効果と同時に，リスクの検討，さらにはそのメカニズムの解明が待たれているところである。

9章
性　格

　これまでの章で扱ってきたトピックスでは，個人差や個体差ということを
あまり想定していない。すべての人間や動物に共通してあてはまるだろう心
理学の原理や原則，あるいは，それによって，平均的な個体が将来どのよう
な行動をとるかについての予測を立てるときに役立つような法則などを紹介
してきた。1章でも述べたように，これまでの心理学が目指したのは，人間
や動物の行動を理解し，その行動を予測することに役立つ原理や法則を，実
験研究を通して明らかにすることにあった。その成果こそが今日の心理学が
築き上げてきた数々の知見なのである。

　しかし，すべての人間や動物の行動，あるいは心理現象が，これまで紹介
してきたような心理学の知見だけで，果たして完全に説明できるだろうか。
私たちは経験的にそのことが正しくないことを知っている。すなわち，ある
行動の法則が多くの人にあてはまるとしても，いま，自分の目の前にいる人
にも同じようにあてはまるかどうかは，実はわからない。

　人間や動物には個人差あるいは個体差というものがある。私たち人間は，
遺伝子のレベルから一人一人に違いがある。同じ刺激を与えられたとしても，
その刺激に対する反応の方法や反応の大きさには個人差があると考えられる。

　このような個人差や個体差をもたらす要因の1つとして性格があげられる。
ここでは，性格がいったいどのようなものであるのかについて紹介する。

1. 性格とは何だろうか

　1章では心理学のプロフィールを紹介した。その中で，心理学という学問は心を追究していないということを述べた。なぜならば，私たちの身体には心という臓器が存在しないからだ。これと同じように，性格は個人差を引き起こす要因と考えられているものの，「性格」という具体的な何かが私たちの身体の中に存在するわけではない。

　ある人物がいつも無口で他人とは関わらず，他人と視線を合わせることを避ける傾向があったとしよう。そうすると，周囲の人たちはその人のことを「暗い性格の人」と思うだろう。一方，ある人物がいつも陽気で，会えばすぐににこやかに話しかけてくるとしよう。そうすると，周囲の人たちはその人のことを「明るい性格の人」と思うかもしれない。「暗い」とか「明るい」というのはその人物の性格を記述する言葉である。このように，私たちは人の行動を通してのみ，ある人の性格を知ることができるのである。

　また，ある人物が，時には無口で人と関わることを避けることがあるが，時には陽気に振る舞うような場合には，私たちはその人の性格を「暗い」とも「明るい」とも判断することができなくなる。常に一貫して他者が暗いと感じる行動をとる人のことを，私たちは「暗い性格」と思い，それとは逆に，常に一貫して他者が明るいと感じる行動をとる人のことを，私たちは「明るい性格」と思うのである（暗い状態と明るい状態が常に周期的に入れ替わるのであれば，そこに一貫性を見出し，「不安定な性格」とか「気分の波が激しい性格」と思うかもしれない）。

　このように**ある人物が表出する一貫した行動傾向こそが，その人物の性格**にほかならない。

　性格は日常表現としては**パーソナリティ**（personality，または人格）とほぼ同義に用いられる。しかし，専門用語として心理学で性格という用語を用いる場合は，比較的，限定的な意味で用いられることが一般的だ。すなわち，そ

の人の中では簡単には変化しない一貫した行動傾向をさして性格という場合が多い。一方，パーソナリティはもっと広い意味で用いられる。知能レベルや興味・関心，あるいは人生観・価値観などは，人の行動に何らかの影響を与えるが，それらを含めて，その人がその人らしい行動を発現するのに影響を与えるすべてを総称してパーソナリティとよぶ。

　では，人の性格はいったいどのようにして決まるのだろうか。8章では人間のさまざまな心理機能が発達していく過程について紹介したが，人の性格の形成は心の発達と密接に関係する問題である。特に，「1. 遺伝と環境」で述べたように，遺伝子から受ける影響と生後の環境から受ける影響は，いずれも性格形成にとって重要な要因であると考えられている。

2. 性格の理論

　前節では性格とは何かについて，一般的な視点から述べた。一方，性格の研究者たちに同じ質問をした場合，それに対する答えは，大きく2つに分かれることになる。すなわち，2つの性格のとらえ方（理論）というものがあるのである。ここでは性格の2つの理論について紹介する。

1）類　型　論

　皆さんは動物占いというのをご存じだろうか。その人の生年月日に基づいて，12種類の動物キャラクターのどれかに分類される。ちなみに著者は「ひつじ」だそうだ。それらの動物キャラクターには異なる性格特徴が割り当てられていて，自分が分類された動物キャラクターの特徴が，まさに自分の性格というわけだ。

　動物占いが類型論に基づくというわけではないが，動物占いのように，人の性格をいくつかのタイプに分類し，その人の性格がどのタイプにあてはまるかという観点から人々の性格を理解しようとするのが**類型論**（typology）である（図9-1）。このとき，考えられた性格のタイプのそれぞれを類型とい

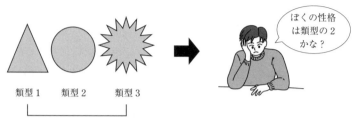

類型1　　　類型2　　　類型3

例えば類型が3つあると仮定する　　　その中の1つに自分の性格が分類される

図9-1　類型論の考え方

さまざまな性格をいくつかのタイプに分類する。分類されたタイプの1つひとつを類型とよぶ。その人の性格がどの類型に属するかという観点から人々の性格を理解しようという考え方。

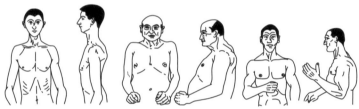

性格類型	分裂気質		循環気質		粘着気質	
体型	やせ型		肥満型		筋骨型	
性格の特徴	非社交的，静か，内気，きまじめ，変わりもの		社交的，善良，親切，温かみがある		粘り強い，几帳面，忍耐強い，頑固，正義感，爆発性	

図9-2　クレッチマーの類型論

クレッチマーは精神科に訪れる患者の疾患と体型との関係に注目した。ここからクレッチマーは健常者にも体型と性格との関係が存在すると考えた。

う。

　類型論の中でもっとも有名なものがドイツの精神科医クレッチマーによる類型論である。彼は精神科に訪れる患者の疾患と体型との関係に注目した（図9-2）。すなわち，精神分裂病（現在では統合失調症とよんでいる）の患者にはやせ型が多く，躁うつ病の患者には肥満型が多い。また，てんかんの患者には筋骨型が多い。クレッチマーはここから，健常者にも体型と性格との関係が存在すると考えた。すなわち，やせ型の人は精神分裂病の患者が示す行動特徴と類似の行動傾向を示す分裂気質の持ち主であり，肥満型の人は躁うつ

病の患者が示す行動特徴と類似の行動傾向を示す循環気質の持ち主，筋骨型の人はてんかんの患者が示す行動特徴と類似の行動傾向を示す粘着気質の持ち主であるとした。

　クレッチマーの類型論のほかに，心理的エネルギーの向かう方向性によって外向型と内向型に性格を分類するユングの類型論や，生活のどの領域に興味，関心をもつかによって理論型，経済型，政治型，社会型，審美型，宗教型の6つの類型を考えたシュプランガーの類型論は有名だ。

2）特　性　論

　類型論では人々の性格をタイプ分けすることで，人々の性格の違いをタイプの違いから説明しようと試みた。一方，**特性論** (theory of personality trait) の考え方によると，性格を構成しているものは性格特性とよばれる要素であり，複数の性格特性によって私たちの性格は構成されている。そして，すべての人の性格が同じ性格特性によって構成されていると考える（図9-3）。たとえば，「協調性」「勤勉性」「社交性」といった性格特性が性格を構成すると考える。しかし，個々の性格特性について，その高－低（あるいは強－弱，

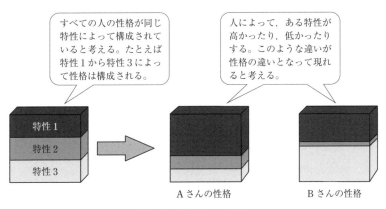

図9-3　特性論の考え方

複数の性格特性によって私たちの性格は構成されている。そして，すべての人の性格が同じ性格特性によって構成されているという前提に立ち，個々の性格特性の高−低，強−弱といった違いが，個々人の性格の違いを生み出すという考え方。

多－少）を調べてみると，人によって各特性の状態が違っている。たとえば，協調性がある人もいれば，協調性があまりない人もいる。勤勉性が高い人もいれば，低い人もいる。このように，性格を構成するさまざまな性格特性を総合的にとらえることにより人々の性格を理解しようとする立場が特性論といえる。

　特性論の立場に立つ代表的な研究者がオルポート，キャッテル，アイゼンクらである。たとえばオルポートは誰もが共通してもつ**共通特性**（common trait）と，一人一人が独自にもつ**個別特性**（unique trait）の両方から性格は構成されると考えた。

　また，特性論の立場に立つ研究者の間でも，性格がいくつの特性から構成されるのかという点では，意見が一致していない。だが，最近では5つの性格特性が性格を網羅的に構成しているのだという考え方が一般的になっている。すなわち，経験への開放性（慎重な↔大胆な，保守的↔革新的），誠実性（誠実な↔怠惰な，信頼できる↔信頼できない），外向性（社交的な↔内気な，おしゃべりな↔静かな），調和性（思いやりのある↔思いやりのない，優しい↔怒りっぽい），神経症的傾向（安定した↔不安定な，穏やかな↔心配性な）という5つである。これらを**ビッグ・ファイブ**（Big Five）という。

3.　心理検査と性格の測定

　心理学では蓄積された過去の研究に基づいて構成された方法によって，人々の心理学的特徴を評価する場合がある。このような方法のことを**心理検査**（psychological test）という。知能を測定するには知能検査（8章）を使えばよいし，発達の状態を評価するには発達検査を用いればよい。そして，性格を評価するには性格検査が用いられる。ここでは3種類の代表的な性格検査法について紹介する。すなわち質問紙法，投影法，作業検査法である。

1）質問紙法

　性格を測定するためにもっともよく利用される心理テストがこの**質問紙法**（questionnaire technique）といえるだろう。ある人物の性格を記述するような文がいくつも与えられ，それが自分にあてはまるかどうかを質問される。回答者はこれらの質問に対して，「あてはまる」「あてはまらない」，あるいは「よくあてはまる」「ややあてはまる」「どちらともいえない」「ややあてはまらない」「まったくあてはまらない」などの選択肢から選択する。

　質問紙法の中で代表的な方法には**矢田部-ギルフォード（YG）性格検査**（Yatabe-Guilford Personality Inventory），**ミネソタ多面人格検査**（Minnesota Multiphasic Personality Inventory：MMPI）などがある。

2）投　影　法

　投影法（projective method）は比較的曖昧な刺激を被検者に見せ，それが何に見えるのか，あるいはその刺激が意味するのは何なのかを被検者に自由に回答させる。その回答に基づき被検者の性格を判断する方法である。たとえば**ロールシャッハ・テスト**（Rorschach Test）という方法では，インクのしみ（図9-4）を被検者に示し，その刺激が被検者には何に見えるかを質問する。また，**絵画統覚テスト**（Thematic Apperception Test：TAT）という方法では図

図9-4　ロールシャッハ法で用いられる図版の例

図9-5　絵画統覚テストで用いられる図版の例

9-5のような図版を被検者に見せ，それに関わる物語を被検者に自由に語らせる。これらの回答を分析し，被検者の性格を解き明かそうというのが投影法だ。

　ただし，投影法には問題点も指摘されている。たとえば，被検者の回答に基づき性格を判定するプロセスで，判定者の主観や解釈が入り込む余地が大いにある。判定者の主観や解釈によって導かれたテスト結果には科学的根拠が乏しいという指摘である。

3）作業検査法

　作業検査法（performance test）では被検者に何らかの作業をさせて，その結果や作業のプロセスを分析することを通じて被検者の性格を明らかにしようとする。代表的な方法に**内田-クレペリン精神検査**（Uchida-Kraepelin Performance Test）という方法がある。この検査では横方向に並べられた一ケタ数字を被検者に与え，隣り合った数字の足し算を課す。1分間に1行ずつ，15分間作業を継続させ，休憩をはさんだ後に再び15分間の作業を行わせる。このような作業検査法によって，与えられた作業場面と類似の場面に置かれた場合に，その人がどのように反応していくのかを理解することができる。たとえば，時間とともに注意力がどのように変化するのか，作業の速さに変

化が見られるかどうかなどである。性格の限られた側面しか測定できないということが，作業検査法の短所といえるだろう。

4. フロイトのパーソナリティ論

　フロイトは 20 世紀前半に活躍した精神分析学者である（フロイトを心理学者と間違える人が非常に多い）。彼の精神分析学に基づく「心」へのアプローチは，当時，心理的発達理論や性格の理論に多大な影響を与えた。だが，心理学の分野においては，今日，フロイトの考え方は科学的根拠に乏しいものという認識が強く，フロイトの考え方すべてをそのままみとめている心理学者は非常に少ない。

　フロイトは精神現象を**意識**（conscious〔ness〕），**前意識**（preconscious），**無意識**（unconscious）に分けることを提案した（図9-6）。これを局所論的観点とよんでいる。しかし，次第にこのような分類だけでは精神現象の分類が不十分であることが明らかになり，次にフロイトはパーソナリティの中心に**自我**

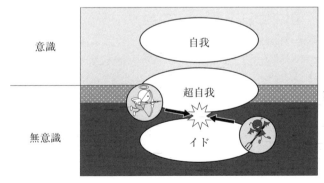

図9-6　フロイトが考えた性格の構造

フロイトは精神現象を意識，前意識，無意識に分類し，さらに心が自我，イド，超自我という3つの構造から構成されると考えた。

（ego）の存在を仮定した。自我は現在の自分自身を意識し，現実のルール（**現実原理**，reality principle）にしたがおうとする意識過程である。それに対して本能的衝動にしたがおうとする無意識過程を**イド**（id＝es）とよんだ。イドは快楽を追求し（**快楽原理**，pleasure principle），さまざまな欲求を実現しようとする。一方，イドの本能的欲求に対して「～してはならない」「～しなければならない」といった道徳心で抑制する無意識的な過程を**超自我**（super-ego）という。

　無意識の過程ではイドと超自我とが相容れず，互いに抗争するような状況が想定される。このとき自我は高い緊張状態に置かれ不安定となる。このような高い緊張状態を解消するための心的な機能をフロイトは**防衛機制**（defence mechanism）とよんだ。防衛機制にはいくつかのタイプが考えられているが，その代表的なものとして**逃避**（escape），**抑圧**（repression），**置き換え**（displacement）などがある。逃避は，自己評価を低下させるような場面を避ける行動のことだ。たとえば，難しい仕事を避けて簡単な仕事を選んだり，現実場面から逃れるために空想やゲームの世界に没頭したりするような行動となって現れる。抑圧は性的な願望や攻撃への願望など自己評価を低下させるような欲求を，意識に上らないようにする仕組みである。置き換えは，抑圧とも関係するが，自己評価を低下させるような欲求を，自己評価を低下させないような形に変化させることをいう。たとえば，美術やスポーツは自己評価を低下させるようなものではないが，もし，その背景に性欲や攻撃心が隠れているとすると，それらは置き換えということになる。

文　　献

安藤寿康（2011）．遺伝マインド——遺伝子が織りなす行動と分化——　有斐閣

Atkinson, R. L., Atkinson, R. C., Smith, E. E., Bem, D. J., & Nolen-Hoeksema, S. (1996). *Hilgard's Introduction to Psychology*. 12th ed. Fort Worth; New York: Harcourt Brace College.

Atkinson, R. C., & Shiffrin, R. M. (1968). Human memory: A proposed system and its control processes. In K. W. Spence, & J. T. Spence (Eds.), *The psychology of learning and motivation*. Vol. 2. New York: Academic Press.

Baddeley, A. D. (1986). *Working memory*. Oxford: Oxford University Press.

Baddeley, A. D., & Hitch, G. J. (1974). Working memory. In G. Bower (Ed.), *The psychology of learning and motivation*. Vol. Ⅷ. New York: Academic Press, pp. 47–90.

Bandura, A., Ross, D., & Ross, S. A. (1961). Transmission of aggression through the imitation of aggressive models. *Journal of Abnormal and Social Psychology*, **63**, 575-582.

Bandura, A. (1965). Influence of a models' reinforcement contingencies on the acquisition of imitative responses. *Journal of Personality and Social Psychology*, 1 (**6**), 589-595.

Barnes, J. M., & Underwood, B. J. (1959). "Fate" of first-list associations in transfer theory. *Journal of Experimental Psychology*, **58**, 97-105.

Bartlett, F. C. (1932). *Remembering: A study in experimental and social psychology*. London: Cambridge University Press.
（バートレット，F. C. 宇津木　保・辻　正三（訳）（1983）．想起の心理学——実験的社会的心理学における一研究——　誠信書房）

Berkeley, G. (1709). An essay towards a new theory of vision. Everyman's Library, No. 483, Dent. In A. A. Luce & T. E. Jessop (Ed.), *The Works of George Berkeley Bishop of Cloyne*, Vol. 1, 1948, Thomas Nelson and Sons Ltd., London.
（バークリ，G. 下條信輔（訳）（1990）．視覚新論　勁草書房）

Bitterman, M. E., Menzel, R., Fietz, A., & Schäfer, S. (1983). Classical conditioning of proboscis extension in honeybees (*Apis mellifera*). *Journal of Comparative Psychology*, **97**, 107-119.

Blake, R., & Sekuler, R. (2006). *Perception*. 5th ed. Boston: McGraw-Hill.

Blakemore, C., & Cooper, G. G. (1970). Development of the brain depends on the visual environment. *Nature*, **228**, 477-478.

Blatter, K., & Schultz, W. (2006). Rewarding properties of visual stimuli. *Experimental Brain Research*, **168**, 541-546.

Boring, E. G., Langfeld, H. S., & Weld, H. P. (1948). *Foundations of Psychology*. New York: John Wiley & Sons.

Bransford, J. D., & Johnson, M. K. (1973). Consideration of some problems of comprehension. In W. G. Chase (Ed.), *Visual information processing*, New York: Academic Press.

Bruner, J. S., Goodnow, J. J., & Austin, G. A. (1956). *A Study of Thinking*. New York: John Wiley & Sons.

（ブルーナー，J. S., グッドナウ，J. J. & オースチン，G. A. 岸本　弘・岸本紀子・杉崎恵義・山北　亮（訳）（1969）．思考の研究　明治図書）

Bruner, J. S., & Postman, L. (1949). On the perception of incongruity: A paradigm. *Journal of Personality*, **18**, 206-223.

Butler, R. A., & Woolpy, J. H. (1963). Visual attention in the rhesus monkey. *Journal of Comparative and Physiological Psychology*, **56**, 324-328.

Butterworth, G., & Harris, M. (1994). *Principles of developmental psychology*. Hove: Lawrence Erlbaum Associates.

（バターワース，G. & ハリス，M. 村井潤一（監訳）小山　正・神土陽子・松下　淑（共訳）（1997）．発達心理学の基本を学ぶ――人間発達の生物学的・文化的基盤――　ミネルヴァ書房）

Cannon, W. B. (1927). The James-Lange theory of emotion: A critical examination and an alternative theory. *American Journal of Psychology*, **39**, 106-124.

Carmichael, L., Hogan, H. P., & Walter, A. A. (1932). An experimental study of the effect of language on the reproduction of visually perceived form. *Journal of Experimental Psychology*, **15**, 73-86.

Cole, M., & Scribner, S. (1974). *Culture and thought: A psychological introduction*. New York: John Wiley & Sons.

（コール，M. & スクリブナー，S. 若井邦夫（訳）（1982）．文化と思考――認知心理学的考察――　サイエンス社）

Collins, A. M., & Loftus, E. F. (1975). A spreading-activation theory of semantic memory. *Psychological Review*, **82**, 407-428.

Collins, A. M., & Quillian, M. R. (1969). Retrieval time form semantic memory. *Journal of Verbal Learning and Verbal Behavior*, **8**, 240-247.

Cornsweet, T. N. (1970). *Visual perception*. New York: Academic Press.

Dartnall, H. J. A., Bowmaker, J. K., & Mollon, J. D. (1983). Human visual pigments: Microspectro-photometric results from the eyes of seven persons. *Proceedings of the Royal Society of London*, **220B**, 115-130.

Darwin, C. (1872). *The expression of the emotions in man and animals*. London: John Murray.

（ダーウィン，C. 浜中浜太郎（訳）（1931）．人及び動物の表情について　岩波書店）

Dember, W. N., & Warm, J. S. (1979). *Psychology of Perception*. New York: Holt, Rinehart and Winston.

Dennis, W. (1973). *Children of the crèche*. New York: Appleton-Century-Crofts.

（デニス，W. 三谷惠一（訳）（1991）. 子どもの知的発達と環境——クレーシュの子どもたち—— 福村出版）

Ebbinghaus, H. (1885). *Uber das Gedachtnis*. Leipzig: Dunker.

（エビングハウス，ヘルマン 宇津木 保（訳）（1978）. 記憶について 誠信書房）

Ekman, P., & Friesen, W. V. (1975). *Unmasking the face: A guide to recognizing emotions from facial clues*. Englewood Cliffs, N. J.: Prentice-Hall.

（エクマン，P. & フリーセン，W. V. 工藤 力（訳編）（1987）. 表情分析入門——表情に隠された意味をさぐる—— 誠信書房）

Fantz, R. L. (1963). Pattern vision in Newborn. *Science*, **149**, 296-297.

Forgays, D. G., & Forgays, J. (1952). The nature of the effect of free-environmental experience in the rat. *Journal of Comparative and Physiological Psychology*, **45**, 322-328.

藤永 保・齋賀久敬・春日 喬・内田伸子（1987）. 人間発達と初期環境——初期環境の貧困に基づく発達遅滞児の長期追跡研究—— 有斐閣

深田芳郎（1981）. 神経の情報伝達 八木 晃（監修）平野俊二（編）現代基礎心理学第12巻 行動の生物学的基礎 東京大学出版会 pp. 11-27.

Gesell, A., & Thompson, H. (1929). Learning and growth in identical infant twins: An experimental study by the method of co-twin control. *Genetic Psychological Monograph*, **6**, 1-124.

Gesell, A., & Thompson, H. (1943). Learning and maturation in identical infant twins. In R. G. Barker, J. S. Kounin, & H. F. Wright (Eds.), *A course of representative studies*. New York: McGraw-Hill, 209-227.

Goldstein, E. B. (2002). *Sensation and Perception*. 6th ed. Pacific Grove, CA: Wadworth.

Gregg, V. (1986). *An Introduction to Human Memory*. Routledge & Kegan Paul Limited.

（グレッグ，V. 梅本堯夫（監修）高橋雅延・川口敦生・菅 眞佐子（共訳）（1988）. ヒューマンメモリ サイエンス社）

Harlow, H. F., & Harlow, M. K. (1962). Social deprivation in monkeys. *Scientific American*, **207**, 136-146.

Harlow, H. F., Harlow, M. K., & Meyer, D. R. (1950). Learning motivated by a manipulation drive. *Journal of Experimental Psychology*, **40**, 228-234.

Hebb, D. O. (1972). *Textbook of psychology*. 3rd ed. Philadelphia: Saunders.

（ヘッブ，D. O. 白井 常・鹿取廣人・平野俊二・金城辰夫・今村護郎（共訳）（1975）. 行動学入門 第3版 紀伊國屋書店）

Hebb, D. O. (1980). *Essay on mind*. Hillsdale, N. J.: Lawrence Erlbaum Associates.

（ヘッブ，D. O. 白井 常・鹿取廣人・平野俊二・鳥居修晃・金城辰夫（共訳）（1987）. 心について 紀伊国屋書店）

Helmholtz, H. von (1860/1948). The Young-Helmholtz theory of color vision. In W. Denis, *Readings in the history of psychology*. New York: Appleton-century-Crofts,

Inc. pp. 199-205.

Heron, W. (1957). The pathology of boredom. *Scientific American*, **196**, 52-69.

Hess, E. H. (1959). Imprinting. *Science*, **130**, 133-141.

Hochberg, J. E. (1963). *Perception*. Englewood Cliffs, N. J.: Prentice-Hall.
(ホッホバーグ，J. E. 田中良久（訳）(1966). 知覚　岩波書店)

Holmes, T. H., & Rahe, R. H. (1967). The Social Readjustment Rating Scale. *Journal of Psychosomatic Research*, **11**, 213-218.

Holway, A. H., & Boring, E. G. (1941). Determinants of apparent visual size with distance variant. *American Journal of Psychology*, **54**, 21-37.

Huffman, K., Vernoy, M., & Vernoy, J. (1995). *Essentials of psychology in action*. New York: John Wiley & Sons, Inc.

Hymovitch, B. (1952). The effects of experimental variations on problem solving in rat. *Journal of Comparative and Physiological Psychology*, **45**, 313-321.

池田光男（1988）. 眼はなにを見ているか――視覚系の情報処理――　平凡社

James, W. (1884). What is an emotion? *Mind*, **9**, 188-205.

Kanizsa, G. (1976). Subjective contours. *Scientific American*, **234**, 48-52.

Kanizsa, G. (1979). *Organization in Vision: Essays on gestalt perception*. New York: Praeger Publishers.
(カニッツァ，G. 野口　薫（監訳）(1985). 視覚の文法――ゲシュタルト知覚論――　サイエンス社)

鹿取廣人（1985）. 認知の成立――発生的記号論的考察――　大山　正・東　洋（編）認知心理学講座 1　認知と心理学　東京大学出版会　pp. 143-177.

Kendler, H. H., & Kendler, T. S. (1962). Vertical and horizontal processes in problem solving. *Psychological Review*, **69**, 1-16.

Kendler, T. S., & Kendler, H. H. (1959) Reversal and nonreversal shifts in kindergarten children. *Journal of Experimental Psychology*, **58**, 56-60.

Kendler, T. S., Kendler, H. H., & Wells, D. (1960). Reversal and nonreversal shifts in nursery school children. *Journal of Comparative and Physiological Psychology*, **53**, 83-88.

Kendler, T. S., Kendler, H. H., & Learnard, B. (1962) Mediated responses to size and brightness as a function of age. *American Journal of Psychology*, **75**, 571-586.

Keppel, G., & Underwood, B. J. (1962). Proactive inhibition in short-term retention of single items. *Journal of Verbal Learning and Verbal Behavior*, **1**, 153-161.

Lange, C. G. (1885). The mechanism of the emotions. Trans. by B. Rand, first appeared in Rand, B. (Ed.) (1912). *The Classical Psychologists*. Boston: Houghton Mifflin, pp. 672-684.

Lewin, K. (1935). *A dynamic theory of personality*. New York: McGraw-Hill.

Liu, S. S. (1971). Differential conditioning and stimulus generalization of the rabbits nictitating membrane response. *Journal of Comparative & Physiological Psychology*, **77**(1), 136-142.

Locke, J. (1690). *An essay concerning human understanding*.

（ロック，J. 大槻春彦（訳）(1972). 人間知性論　岩波文庫）

Loftus, E. F., Miller, D. G., & Burns, H. J. (1978). Semantic integration of verbal information into a visual memory. *Journal of Experimental Psychology: Human Learning and Memory*, **4**, 19-31.

Louis-Sylvestre, J., & Le Magnen, J. (1980). A fall in blood glucose level precedes meal onset in free feeding rats. *Neuroscience and Biobehavioral Reviews*, **4**, 13-15.

Lund, N. (2003). *Language and Thought*. Routledge: East Sussex.

ルリヤ，A. R. 松野　豊（訳）(1976). 人間の脳と心理過程　金子書房

MacKay, E. M., Callaway, J. W., & Barnes, R. H. (1940). Hyperalimentation in Normal Animals Produced by Protamine Insulin. *The Journal of Nutrition*, **20**, 59-66.

Malsbury, C. W. (1971). Facilitation of male rat copulatory behavior by electrical stimulation of the medial preoptic area. *Physiology & Behavior*, **7**, 797-805.

松田隆夫 (1995). 視知覚　培風館

松田隆夫 (2000). 知覚心理学の基礎　培風館

Metzger, W. (1953). *Gesetze des Sehens*. Frankfurt a. M.: Waldmar Kramer.

（メッツガー，W. 盛永四郎（訳）(1968). 視覚の法則　岩波書店）

三川俊樹 (1989). 成人期における生活ストレス　中西信男（編）人間形成の心理学――ライフサイクルを解明する――　pp. 110-134

Miller, G. A. (1956). The magical number seven, plus or minus two: some limits of our capacity for processing information. *Psychological Review*, **63**, 81-87.

Miller, N. E., & Dollard, J. (1941). *Social Learning and Imitation*. New Haven: Yale University Press.

Moore, J. W. (1972). Stimulus control: Studies of auditory generalization in rabbits. In A. H. Black, & W. F. Procasy (Eds.), *Classical conditioning II*. New York: Appleton-Century-Crofts.

Mueller, C. G. (1964). *Sensory Psychology*. Englewood Cliffs, N. J.: Prentice-Hall.

（ミュラー，C. G. 田中良久（訳）(1966). 感覚心理学　岩波書店）

Newton, I. (1721). *Optick*, 3rd ed.

（ニュートン，I. 鳥尾永康（訳）(1983). 光学　岩波文庫）

Olds, J. (1956). Pleasure Centers in the Brain. *Scientific American*, **195**, 105-116.

大山　正 (1999). 視覚心理学への招待――見えの世界へのアプローチ――　サイエンス社

Palmer, S. E. (1999). *Vision Science-Photons to Phenomenology*. Cambridge, MA: MIT Press.

Papez, J. W. (1937). A proposed mechanism of emotion. *The Journal of Neuro-psychiatry and Clinical Neuroscience*, **38**, 725-743.

Peterson, L. R., & Peterson, M. J. (1959). Short-term retention of individual verbal items. *Journal of Experimental Psychology*, **58**, 193-198.

Pinsker, H., Kupfermann, I., Castellucci, V., & Kandel. E. (1970). Habituation and dishabituation of the gill-withdrawal reflex in Aplysia. *Science*, **167**, 1740-1742.

Plutchik, R. (1962). *The Emotions: facts, theories, and a new model.* New York: Random House.

Rosch, E. (1975). Cognitive representations of semantic categories. *Journal of Experimental Psychology: General*, **104**, 192-233.

Rosch, E. & Mervis, C. B. (1975). Family Resemblances: Studies in the internal structure of categories. *Cognitive Psychology*, **7**, 573-605.

Rosch, E. H. (1973). Natural categories. *Cognitive Psychology*, **4**, 328-350.

Rosch, E., Mervis, C. B., Gray, W. D., Johnson, D. M., & Boyes-Braem, P. (1976). Basic objects in natural categories. *Cognitive Psychology*, **8**, 382-439.

Rubin, E. (1921/2001). Figure and Ground. In S. Yantis (Ed.), *Visual perception: Essential readings*. Philadelphia: Psychology Press, pp. 225-229.

Schachter, S., & Singer, J. E. (1962). Cognitive, Social, and Physiological Determinants of Emotional State. *Psychological Review*, **69**, 379-399.

Schlosberg, H. (1952). The description of facial expressions in term of two dimensions. *Journal of Experimental Psychology*, **44**, 229-237.

下條信輔（1996）．感覚・知覚　鹿取廣人・杉本敏夫（編）心理学　東京大学出版会　pp. 119-146.

Sperling, G. (1960). The information available in brief visual presentation. *Psychological Monographs*, **74**, (Whole No. 498).

Spiker, C. C. (1956). Stimulus pretraining and subsequent performance in the delayed reaction experiment. *Journal of Experimental Psychology*, **52**, 107-111.

Stevens, S. S. (1962). The surprising simplicity of sensory metrics. *American Psychologist*, **17**, 29-39.

丹野義彦（1996）．個人差　鹿取廣人・杉本敏夫（編）心理学　東京大学出版会　pp. 195-218.

Thorndike, E. L. (1898). Animal intelligence: An experimental study of the associative processes in animals. *Psychological Review, Monograph Supplements*, No. 8, New York: Macmillan.

鳥居修晃（1982）．視覚の心理学　サイエンス社

Tronick, E., Als, H., Adamson, L., Wise, S., & Brazelton, T. B. (1978). Infants response to entrapment between contradictory messages in face-to-face interaction. *Journal of the American Academy of Child and Adolescent Psychiatry*, **17**, 1-13.

Tryon, R. C. (1940). Genetic differences in maze ability in rats. *Yearbook of National Society of Studies of Education*, **39**, 111-119.

筒井雄二（2016）．原子力災害がどうして福島の子どもたちに心理的問題を引き起こすのか？　日本心理学会（監修）　安藤清志・松井　豊（編）　心理学叢書　震災後の親子を支える──家族の心を守るために──　誠信書房

Tsutsui, Y., Nishizawa, K., Kai, N., & Kobayashi, K. (2011). Lever pressing responses under a fixed-ratio schedule of mice with 6-hydroxydopamine-induced dopamine depletion in the nucleus accumbens. *Behavioral Brain Research*, **217**, 60-66.

筒井雄二・高谷理恵子・氏家達夫（2016）. 原子力災害が福島の子どもたちに与えた心理学的影響――発達心理学的研究がとらえた事実と今後の問題―― 子育て支援と心理臨床, **11**, 73-82.

Tsutsui, Y., Ujiie, T., Takaya, R., & Tominaga, M. (2020). Five-year post-disaster mental changes: Mothers and children living in low-dose contaminated Fukushima regions. PLoS ONE, 15 (12): e0243367. https://doi.org/10.1371/journal.pone.0243367.

Tulving, E. & Psotka, J. (1971). Retroactive inhibition in free recall: Inaccessibility of information available in the memory store. *Journal of Experimental Psychology*, **87**, 1-8.

Watson, J. B. (1930). *Behaviorism*. Revised ed. New York: Norton and Company. （ワトソン，J. B. 安田一郎（訳）(1968). 行動主義の心理学 河出書房）

Watson, J. B., & Rayner, R. (1920). Conditioned emotional reactions. *Journal of Experimental Psychology*, **3**, 1-14.

Weindruch, R. (1996). Caloric restriction and aging. *Scientific American*, **274**, 46-52.

Wertheimer, M. (1923/2001). Laws of organization in perceptual forms. In S. Yantis (Ed.), *Visual perception: Essential readings*. Philadelphia: Psychology Press, pp. 216-224.

Whorf, B. L. (1940). Science and linguistics. *Technology Review (MIT)*, **42**, 6 (April), 229-231, 247-248.
（ウォーフ，B. L. 池上嘉彦（訳）(1978). 科学と言語学 J. B. キャロル（編）言語・思考・現実――ウォーフ言語論選集―― 弘文堂 pp. 103-119）

Wolfe, J. B. (1936). Effectiveness of token rewards for chimpanzees. *Comparative Psychological Monographs*, **12**, 1-72.

Woodworth, R. S. (1938). *Experimental Psychology*. New York: Holt.

矢野喜夫・落合正行（1991）. 発達心理学への招待――人間発達の全体像を探る―― サイエンス社

Young, T. (1802/1948). On the theory of light and colours. In W. Denis, *Readings in the history of psychology*. New York: Appleton-century-Crofts, Inc. p. 112.

Zajonc, R. B. (1980). Feeling and thinking: Preferences need no inferences. *American Psychologist*, **35**, 151-175.

人名索引

ア 行

アイゼンク（Eysenck, H. J.）　226
アトキンソン（Atkinson, R. C.）　112
アナンド（Anand, B. K.）　176
アリストテレス（Aristotle）　4
アンダーウッド（Underwood, B. J.）119-20
ウェインドルック（Weindruch, R.）　220
ウェーバー（Weber, E. H.）　17
ウェルトハイマー（Wertheimer, M.）6, 58
ウォーフ（Whorf, B. L.）　150-2
ウォルピ（Wolpe, J.）　104
ウォルフ（Wolfe, J. B.）　100
内田伸子　197
ウッドワース（Woodworth, R. S.）　162
ウンゲルシュテット（Ungerstedt, U.）173
ヴント（Wundt, W.）　3-5
エクマン（Ekman, P.）　165
エビングハウス（Ebbinghaus, H.）　125
エリクソン（Erikson, E. H.）　208-9, 211
オルズ（Olds, J.）　170-2
オルポート（Allport, G. W.）　226

カ 行

カーマイケル（Carmichael, L.）　146
春日喬　197
カニッツァ（Kanizsa, G.）　61
ガリレオ（Galileo, G.）　4
ギブソン（Gibson, J. J.）　72
キャッテル（Cattel, R. B.）　226
キャノン（Cannon, W. B.）　166-7
キリアン（Quillian, M. R.）　128
クレッチマー（Kretschmer, E.）　224-5
ケーラー（Köhler, W.）　7
ゲゼル（Gesell, A.）　188
ケッペル（Keppel, G.）　119-20
ケンドラー（Kendler, H. H.）　149-50
ケンドラー（Kendler, T. S.）　149-50
ゴールトン（Galton, F.）　188
コリンズ（Collins, A. M.）　128

サ 行

齋賀久敬　197
ジェイコブソン（Jacobson, E.）　104
ジェームズ（James, W.）　166
シフリン（Shiffrin, R. M.）　112
シャクター（Schachter, S）　167-8
シュプランガー（Spranger, E.）　225
シュロスバーグ（Schlosberg, H.）　162
シンガー（Singer, J.）　167-8
スキナー（Skinner, B. F.）　6, 94
スティーヴンス（Stevens, S. S.）　21
スパーリング（Sperling, G.）　115
スパイカー（Spiker, C. C.）　143
セリエ（Selye, H.）　182, 184
ソーンダイク（Thorndike, E. L.）　92-3
ソトカ（Psotka, J.）　126

タ 行

ダーウィン（Darwin, C.）　162, 188
ダラード（Dollard, D.）　106
タルヴィング（Tulving, E.）　126-7
ティチナー（Titchener, E. B.）　6
デカルト（Descartes, R.）　4
デニス（Dennis, W.）　179
トールマン（Tolman, E. C.）　6
トライオン（Tryon, R. C.）　190
トロニック（Tronick, E.）　165

ナ 行

ニュートン（Newton, I.）　4, 36

ハ 行

バード（Bard, P.）　167
バートレット（Bartlett, F. C.）　132, 145, 157-8
ハーロウ（Harlow, H. F.）　83, 200
ハーロウ（Harlow, M. K.）　200
ハイモビッチ（Hymovitch, B.）　190
バドリ（Baddeley, A. D.）　122-3

パブロフ（Pavlov, I. P.）　83-6, 89, 102, 105

パペッツ（Papez, J. W.）　167

ハル（Hull, C. L.）　6

バンデューラ（Bandura, A.）　107

ピアジェ（Piaget, J.）　203-4, 207

ピーターソン（Peterson, L. R.）　118-20

ピーターソン（Peterson, M. J.）　118-20

ビタマン（Bitterman, M. E.）　88

ヒッチ（Hitch, G. J.）　122

フェヒナー（Fechner, G. T.）　21

フォーゲイス（Forgays, D. G.）　190

フォーゲイス（Forgays, J.）　190

藤永　保　197

ブルーナー（Bruner, J. S.）　138-9, 154-5

プルチック（Plutchik, R.）　163, 165

フロイト（Freud, S.）　9, 229-30

ブロベック（Brobeck, J. R.）　176

ヘザリントン（Hetherington, A. W.）　176

ヘス（Hess, E. H.）　81

ヘッブ（Hebb, D. O.）　45, 199-200

ヘリング（Hering, E.）　41-2

ヘルムホルツ（Helmholtz, H. L. F. von）39

ボーリング（Borring, E. G.）　51

ポストマン（Postman）　154

ホルウェイ（Holway, A. H.）　51

マ 行

マウラー（Mowrer, O. H.）　103

三川俊樹　182

ミラー（Miller, G. A.）　121

ミラー（Miller, N. E.）　106

ミルナ（Milner, P.）　170

ヤ 行

ヤング（Young, T.）　39

ユング（Jung, C. G.）　225

ラ 行

ラザルス（Lazarus, R. S.）　184-5

ランゲ（Lange, C. G.）　166

ランソン（Ranson, S. W.）　176

ルビン（Rubin, E.）　55

ルリヤ（Luria, A. R.）　147

レイナ（Rayner, R.）　86

レヴィン（Lewin, K.）　7, 181

ロック（Locke, J.）　4, 189

ロッシュ（Rosch, E.）　140-1

ロフタス（Loftus, E. F.）　128, 132-3

ロレンツ（Lorenz, K）　81, 200

ワ 行

ワトソン（Watson, J. B.）　5-6, 86, 189

事 項 索 引

ア 行

IQ → 知能指数　193
アイデンティティ → 自我同一性　211
明るさ（白さ）の恒常性　49
明るさの対比　24
アニミズム　207
暗順応　27
アンチエイジング　218
アンドロゲン　178
鋳型照合　117
移行学習　149
意識　229
一次強化子　100
位置の恒常性　54
一酸化窒素　218
遺伝　187
イド　230
意味記憶　127
意味的ネットワークモデル　128
色の対比　25
陰影　73
ウェーバーの法則　19
ウェーバー比　19
内田-クレペリン精神検査　228
運動視差　71
鋭敏化　81
S-R理論　6
エストロゲン　178
エピソード記憶　127
延滞条件づけ　89
大きさの恒常性　50
置き換え　158, 230
音の恒常性　54
オペラント行動　94
オペラント条件づけ　83
音韻ループ　122

カ 行

絵画的手がかり　73

絵画統覚テスト　227
外言　141
階層的ネットワークモデル　128
概念　136
概念学習　137
概念達成　138
外発的動機づけ　176
回避－回避葛藤　182
快楽原理　230
学習解消　126
学習準備性　189
家系研究　188
仮現運動　6, 64
重なり合い　73
仮説検証　139
家族的類似　140
形の恒常性　54
活性化の拡散　129
活性酸素　218
葛藤　181
カテゴリ　136
　　──化　136
加法混色　37
カロリー制限　219
感覚運動期　204
感覚記憶　112, 115
感覚尺度　20
環境　187
観察学習　106
干渉説　119
桿体　26
記憶痕跡の崩壊説　119
記憶の変容　132
期待　153
帰納推理　139
基本的信頼 対 不信　210
記銘　110
きめの密度勾配　75
偽薬効果 → プラシーボ効果　102
逆転移行　149

逆行条件づけ　91
逆向抑制　119
キャノン-バード説　167
強化　85, 95
強化スケジュール　98
共感覚　12
共通運命の要因　60
共通特性　226
極限法　15
拒食症　104
近接の要因　58
勤勉性 対 劣等感　211
具体的操作期　204
群化の要因　58
経験説　188
警告反応期　184
形式的操作期　204
継時走査法　139
系統的脱感作　104
系列位置効果　113
系列再生　111
ゲシュタルト心理学　6
ゲシュタルト要因　58
嫌悪刺激　95
言語　141
言語相対性仮説　151
顕在記憶　131
検索　110
　　──の失敗　127
現実原理　230
減法混色　37
効果の法則　93
攻撃　181
抗酸化酵素　218
恒常法　15
構成心理学　6
行動主義　6
行動療法　103
合理化　158
誤情報効果　132
固着　181
固定間隔強化スケジュール　98
固定比率強化スケジュール　99

古典的条件づけ　83
個別特性　226
混色　37
痕跡条件づけ　91

サ 行

再生　111
再認　111
作業検査法　228
サピア-ウォーフ仮説　151
三色説　39
ジェームズ-ランゲ説　166
シェマ　203
自我　229
自我同一性　211
時間条件づけ　91
色聴　12
視空間メモ帳　122
刺激閾　15
刺激頂　17
試行錯誤　93
自己中心性　207
視細胞　12
視索前野　178
視床下部外側野　176
視床下部腹内側核　176
質問紙法　227
自発性 対 罪悪感　210
自発的回復　79, 86, 96
自発反応　92
社会的学習　106
社会的動機　175
自由再生　111
主観的等価点　15
主観的輪郭　60
受容器　12
馴化　78
馴化-脱馴化パラダイム　80
循環反応　204
順向抑制　119
　　──からの解除　120
順応　23
消去　86, 96

消去抵抗　99
条件刺激　85
条件性強化　100
条件性強化子　100
条件反応　85
情緒　161
情緒的態度　158
焦点維持法　139
情報処理　135
　　——モデル　8
省略　158
初期学習　81
初期経験　200
初頭効果　113
自律性 対 恥・疑惑　210
視力　33
新近性効果　113
新行動主義　6
親密性 対 孤立　212
心理検査　226
心理社会的危機　209
親和動機　175
錐体　26
スキーマ　157
スキナー箱　94
図式 → スキーマ　157
スティーヴンスのべき法則　22
スティルフェイス　165
ステレオグラム　68
ステレオスコープ　68
図と地　55
ストラテジー　139
ストレス　182
ストレス学説　184
ストレス反応　184
ストレッサ　182
刷り込み　81
擦り切れ説　216
性行動　177
成熟　188
精神測定関数　16
精神物理学　21
精神物理学的測定法　15

性動機　175
生得説　188
正の強化　95
正の強化子（正の強化刺激）　95
正の罰　96
生物学的動機　174
性ホルモン　178
世代性 対 停滞　212
接近－回避葛藤　182
接近－接近葛藤　181
摂食行動　176
絶対閾　15
節約率　125
前意識　229
線遠近法　73
宣言的記憶　127
潜在記憶　131
漸次接近法　100
前操作期　204
全体報告　115
全体野　55
相関係数　193
想起　110
双生児法　193

タ 行

大気遠近法　74
退行　181
対処　185
代理強化　107
対連合学習　126
脱馴化　80
達成動機　175
短期記憶　112
地 → 図と地　55
遅延条件づけ → 延滞条件づけ　91
遅延反応　142
知覚的体制化　58
知覚の恒常性　47
知能　193
知能検査　193
知能指数　193
チャンク　121

注意　112
中央実行系　122
中心窩　26
中性刺激　84
長期記憶　112
超自我　230
調整法　15
調節　65, 203
丁度可知差異　18
直接記憶範囲　121
直接プライミング効果　131
貯蔵　110
抵抗期　184
手がかり再生　111
適刺激　12
手続き的記憶　127
テロメア仮説　216
典型性　140
同一性 対 同一性拡散　211
動因　174
投影法　227
同化　203
動機　174
動機づけ　161
統合性 対 絶望　212
洞察　7
同時条件づけ　89
逃避　230
特性論　225
特徴分析　117

ナ　行

内観法　5
内言　142
内側前脳束　173
内発的動機　176
　　──づけ　176
二次強化　89
二次条件づけ　89
二重課題法　123
二重貯蔵モデル　112
二要因説　167
認知　135

認知閾　154
認知心理学　135
認知的評価　185
認知論　8
脳内自己刺激　172
脳内報酬系　174

ハ　行

パーソナリティ　222
パタン認知　112
罰　95
発達　187
発達課題　209
場の理論　7
パペツの回路　167
般化　87, 97
般化勾配　88
反対色説　41
汎適応症候群　184
反転図形　55
反応形成　100
光受容器　25
非逆転移行　149
ビッグ・ファイブ　226
微表情　165
疲憊期　184
表情　162
敏感期　83, 201
フェヒナーの法則　21
輻輳　67
輻輳角　67
符号化　110
不随意的反応　92
不適刺激　12
負の強化　95
負の強化子（負の強化刺激）　95
負の罰　96
部分強化　97
部分強化効果　99
部分報告　116
プライミング効果　130
プラシーボ効果　102
フラストレーション　180

——反応　181
フリーラジカル説　216
プルキニエ現象　32
プログラム説　216
プロゲステロン　178
プロトタイプ　141
分化条件づけ　89
分光感度　31
文脈効果　156
閉合の要因　58
変動間隔強化スケジュール　99
変動比率強化スケジュール　99
弁別閾　18
弁別学習　97
弁別刺激　97
防衛機制　230
忘却　112, 118
忘却曲線　126
報酬　95
保持　110
保存　208
ホメオスタシス　174
　——性動機　174

マ 行

マグニチュード推定法　21
ミネソタ多面人格検査　227
無意識　229
無意味綴り　125
無条件刺激　84
無条件反応　84
網膜　25
網膜像の相対的大きさ　73

目撃証言　132
物の永続性　205
模倣　106
模倣学習　106
問題箱　92

ヤ 行

矢田部-ギルフォード性格検査　227
ヤング-ヘルムホルツ説　39
誘因　174
有害物質蓄積説　216
よい形の要因　59
よい連続の要因　58
抑圧　230

ラ 行

ランダム・ドット・ステレオグラム　69
ランドルト氏環　33
リハーサル　112
両眼視差　67
両眼像差　67
臨界期　83, 201
類型論　223
類同の要因　58
ルビンの盃　55
連合　5
連続強化　97
老化　214
ロールシャッハ・テスト　157, 227

ワ 行

ワーキングメモリ　122

欧 文 索 引

absolute threshold　15
accommodation　65, 203
achievement motive　175
active oxygen　218
adaptation　23
additive color mixture　37
adequate stimulus　12
aerial perspective　74
affiliation motive　175
aggression　181
aging　214
alarm reaction　184
androgen　178
animism　205
anorexia nervosa　104
antiaging　219
antioxidant enzyme　218
apparent movement　6, 64
approach-approach conflict　181
approach-avoidance conflict　182
assimilation　203
association　5
attention　112
autonomy vs. shame and doubt　210
aversive stimulus　95
avoidance-avoidance conflict　182
backward conditioning　91
basic trust vs. mistrust　210
behavioral therapy　103
behaviorism　6
Big Five　226
binocular disparity　67
binocular parallax　67
biographical study　188
biological motive　174
brain reward system　174
brightness constancy　49
brightness contrast　24
caloric restriction　219
Cannon-Bard theory　167

categorization　136
category　136
central executive　122
chunk　121
circular reaction　204
classical conditioning　83
cognition　135
cognitive appraisal　185
cognitive psychology　135
cognitivism　8
color contrast　25
color hearing　12
color mixture　37
common trait　226
concept　136
concept attainment　138
concept learning　137
conditioned reinforcement　100
conditioned reinforcer　100
conditioned response　85
conditioned stimulus　85
cone　26
conflict　181
conscious（ness）　229
conservation　208
conservative-focusing strategy　139
constant method　15
context effect　156
continuous reinforcement　97
convergence　67
convergence angle　67
coping　185
copulatory behavior　177
correlation coefficient　193
critical period　83, 201
cued recall　111
dark adaptation　27
De Anima　4
decay theory　119
declarative memory　127

defence mechanism 230
delayed conditioning 91
delayed reaction 142
delayed response 142
development 187
developmental task 209
difference threshold 18
differential conditioning 89
direct priming effect 131
discriminative learning 97
discriminative stimulus 97
dishabituation 80
displacement 230
drive 174
dual task technique 123
early experience 200
early learning 81
eating behavior 176
ego 230
ego integrity vs. despair 212
egocentrism 207
emotion 161
empiricism 188
encoding 110
environment 187
episodic memory 127
es 230
escape 230
estrogen 178
expectancy 153
expectation 153
explicit memory 131
external speech 141
extinction 86, 96
extrinsic motivation 176
eyewitness testimony 132
facial expression 162
factor of closure 58
factor of common fate 60
factor of good continuation 58
factor of good form 59
factor of proximity 58
factor of similarity 58

factors of grouping 58
family resemblance 140
feature analysis 117
Fechner's law 21
feeding behavior 176
FI → fixed interval 98
field theory 7
figure 55
fixation 181
fixed interval : FI 98
fixed ratio : FR 99
forgetting 112
forgetting curve 126
fovea 26
FR → fixed ratio 99
free radical hypothesis of aging 216
free recall 111
frustration 180
frustration response 181
Ganzfeld 55
general adaptation syndrome 184
generalization 87, 97
generalization gradient 88
generativity vs. stagnation 212
Gestalt factors 58
gestalt psychology 6
gradient of texture density 75
ground 55
habituation 78
habituation-dishabituation paradigm 80
heredity 187
hierarchical-network model 128
homeostasis 174
homeostatic motive 174
ICSS → intracranial self-stimulation 173
id 230
identity 211
identity vs. confusion 211
imitation 106
imitative learning 106
immediate memory span 121

implicit memory　131
imprinting　81
inadequate stimulus　12
incentive　174
inductive inference　139
industry vs. inferiority　211
information processing　135
information processing models　8
initiative vs. guilt　210
inner speech　142
insight　7
instrumental conditioning　83
intelligence　193
intelligence quotient　193
intelligence test　193
interference theory　119
interposition　73
intimacy vs. isolation　212
intracranial self-stimulation：ICSS　173
intrinsic motivation　176
intrinsic motive　176
introspection　5
involuntary reaction　92
j.n.d. → just noticeable difference　18
James-Lange theory　166
just noticeable difference：j.n.d.　18
Landolt ring　33
language　141
lateral hypothalamus　176
law of effect　93
light and shade　73
linear perspective　73
linguistic relativity hypothesis　151
long-term memory　112
loudness constancy　54
magnitude estimation method　21
maturation　188
medial forebrain bundle：MFB　173
memorization　110
memory distortion　132
method of adjustment　15
method of limits　15
MFB → medial forebrain bundle　173

micro expression　165
Minnesota Multiphasic Personality
　Inventory：MMPI　227
misinformation effect　132
MMPI → Minnesota Multiphasic
　Personality Inventory　227
motion parallax　71
motivation　161
motive　174
nativism　187
negative punishment　96
negative reinforcement　95
negative reinforcer　95
neo-behaviorism　6
neutral stimulus　84
Nitric Oxide：NO　218
non-reversal shift　149
nonsense syllable　125
object performance　205
observational learning　106
operant behavior　94
operant conditioning　83
opponent color theory　41
paired-associate learning　126
Papez's circuit　167
partial reinforcement　97
partial reinforcement effect　99
partial report　116
pattern recognition　112
Pavlovian conditioning　83
perceptual constancy　47
perceptual organization　58
performance test　228
period of concrete operations　204
period of formal operations　204
personality　222
phonological loop　122
photoreceptor　25
pictorial cue　73
placebo effect　102
pleasure principle　230
POA → preotic area　178
point of subjective equality：PSE　15

position constancy 54
positive punishment 96
positive reinforcement 95
positive reinforcer 95
preconscious 229
preoperational period 204
preotic area : POA 178
primacy effect 113
primary reinforcer 100
priming effect 130
proactive inhibition 119
procedural memory 127
progesterone 178
projective method 227
prototype 141
PSE → point of subjective equality
 15
psychometric function 16
psychophysical method 15
psychophysics 21
psychosocial crisis 209
psychological test 226
punishment 95
Purkinje phenomenon 32
puzzle box 92
questionaire technique 227
random-dot stereogram 69
readiness 189
reality principle 230
recall 110-1
recency effect 113
recepter 12
recognition 111
recognition threshold 154
regression 181
rehearsal 112
reinforcement 85, 95
relative size 73
release from proactive inhibition 120
repression 230
resistance to extinction 99
respondent conditioning 83
retention 110

retina 25
retrieval 110
retrieval failure 127
retroactive inhibition 119
reversal shift 149
reversible figure 55
reward 95
rod 26
Rorschach Test 227
Rubin's goblet-profile 55
Sapir-Whorf hypothesis 151
saving rate 125
schedule of reinforcement 98
schema 157, 203
secondary conditioning 89
secondary reinforcement 89
semantic memory 127
semantic network model 128
sensitive period 83, 201
sensitization 81
sensorimotor period 204
sensory memory 112
sensory scale 20
serial position effect 113
serial recall 111
sex hormone 178
sexual behavior 177
sexual motive 175
shape constancy 54
shaping 100
shift learning 149
short-term memory 112
simultaneous conditioning 89
size constancy 50
Skinner Box 94
social learning 106
social motive 175
spectral sensitivity 31
spontaneous recovery 79, 86, 96
spontaneous response 92
spreading activation 129
stage of exhaustion 184
stage of resistance 184

stereogram 68

stereoscope 68

Stevens' power law 22

still face 165

stimulus threshold 15

stimulus-response theory 6

storage 110

strategy 139

stress response 184

stress theory 184

stressor 182

structural psychology 6

subjective contour 60

subtractive color mixture 37

successive approximation method 100

successive-scanning strategy 139

super-ego 230

synesthesia 12

systematic desensitization 104

tabula rasa 4

TAT → Thematic Apperception Test 227

telomere hypothesis of aging 216

template matching 117

temporal conditioning 91

terminal threshold 17

Thematic Apperception Test : TAT 227

theory of personality trait 225

three mountain problem 207

trace conditioning 91

trial and error 93

trichromatic theory 39

twin method 193

two-factor theory 167

two-store memory model 112

typicality 140

typology 223

Uchida-Kraepelin Performance Test 228

unconditioned response 84

unconditioned stimulus 84

unconscious 229

unique trait 226

unlearning 126

variable interval : VI 99

variable ratio : VR 99

ventromedial nucleus of the hypothalamus : VMH 176

VI → variable interval 99

vicarious reinforcement 107

visual acuity 33

visual cell 12

visuo-spatial scratch-pad 122

VMH → ventromedial nucleus of the hypothalamus 176

VR → variable ratio 99

Weber ratio 19

Weber's law 19

whole report 115

working memory 122

Yatabe-Guilford Personality Inventory 227

Young-Helmholtz theory 39

編著者略歴

筒井雄二（つつい・ゆうじ）

　　1964 年　埼玉県鴻巣市生まれ
　　1996 年　学習院大学大学院人文科学研究科心理学専攻博士後期課程
　　　　　　　単位取得退学
　　日本学術振興会特別研究員,
　　学習院大学文学部心理学科助手,
　　福島大学生涯学習教育研究センター助教授を経て,
　　現在, 福島大学共生システム理工学類教授　博士（心理学）
　　　福島大学災害心理研究所所長
　　専門は実験心理学・災害心理学

【主要著書・訳書】
　　『心理学 for you』（分担執筆）（八千代出版, 2000 年）
　　『動機づけと情動』（共訳）（協同出版, 2005 年）
　　『ラットを用いた記憶課題による脳内コリン作動性神経系の機能の
　　　解析』（八千代出版, 2008 年）

実験心理学
―心理学の基礎知識―
【改訂増補第 3 版】

2010 年 3 月 30 日第 1 版 1 刷発行
2024 年 3 月 25 日改訂増補第 3 版 1 刷発行

編著者─筒 井 雄 二
発行者─森 口 恵 美 子
印刷所─シナノ印刷
製本所─グ リ ー ン
発行所─八千代出版株式会社

　〒101
　-0061　東京都千代田区神田三崎町 2-2-13
　TEL　03-3262-0420
　FAX　03-3237-0723
　振替　00190-4-168060

　＊定価はカバーに表示してあります。

　＊落丁・乱丁本はお取替えいたします。

ISBN 978-4-8429-1859-4　　　　　　©2024 Y. Tsutsui et al.